Roland R. Geisselhart · Christiane Burkart

Gedächtnis ohne Grenzen

Lebens-Hilfen bei Oesch:

Emile Coué
Autosuggestion
Wie man die Herrschaft über sich selbst gewinnt. Die Kraft der
Selbstbeinflussung durch positives Denken.

Bruno Gideon
Nicht auf meine Kosten!
So wehren Sie sich erfolgreich gegen, Zurücksetzung, Aggression und
Ausnutzung.

Milton Katselas
Die Kraft der Tat
Endlich bekommen, was Sie haben wollen.

Richard Lonetto
Konzentration, Entscheidung, Handlung
Die goldenen Regeln für Beruf und persönliche Entwicklung.

Og Mandino
Die Entscheidung
Es gibt eine bessere Art zu leben (Conzett/Oesch)

Orison S. Marden
Die Kunst, Menschen zu ändern

Orison S. Marden
Wer sich viel zutraut, wird viel leisten

Norman Vincent Peale
Die Kraft positiven Denkens
Der Weltbestseller – ein Buch das Kraft schenkt.

Denis Waitley
Nur wer handelt, kann gewinnen

Erhältlich in Ihrer Buchhandlung

Roland R. Geisselhart
Christiane Burkart

Gedächtnis ohne Grenzen

Die beste Methode,
Gedächtnisleistung und Kreativität
durch Visualisierung
massiv zu steigern

Unter Mitarbeit von Marion Zerbst

Oesch Verlag

Die Deutsche Bibliothek – CIP-Einheitsaufnahme

Geisselhart, Roland R.:
Gedächtnis ohne Grenzen : die beste Methode, Gedächtnisleistung
und Kreativität durch Visualisierung massiv zu steigern /
Roland R. Geisselhart ; Christiane Burkart.
Unter Mitarb. von Mario Zerbst. –
2. Aufl. – Zürich : Oesch 1997/2001
ISBN 3-85833-554-1
NE : Burkart, Christiane

2. Auflage 2001
© 1997/2001 by Oesch Verlag AG, Zürich
Umschlag: Heinz von Arx, Zürich
Konzeption und Produktion: WZ Media, Stuttgart
Redaktion: Werner Waldmann
Illustrationen: Sabine Seifert, Stuttgart
Katharina Schumacher, München
Druck und Bindung: Wiener Verlag, Himberg

ISBN 3-85833-554-1

Gern senden wir Ihnen unser Verlagsverzeichnis:
Oesch Verlag, Jungholzstraße 28, 8050 Zürich
E-Mail: info@oeschverlag.ch
Telefax 0041 / 1 305 70 66 (CH: 01 / 305 70 66)

Unser Programm finden Sie im Internet unter:
www.oeschverlag.ch

Inhalt

6. Konzentration – Entspannung – Motivation   149

7. Intelligenz und Persönlichkeitsentfaltung   175

8. Mit dem Video-Gedächtnis sind Sie unschlagbar   . . 193

Ein guter Rat zum Schluß 228

Literatur 231

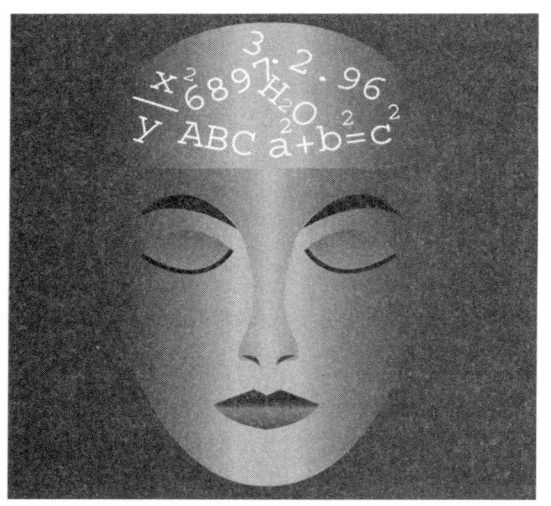

Was Ihnen
dieses Buch bringt

K önnen Sie sich vorstellen, daß Ihr Gedächtnis schon nach wenigen Tagen doppelt so gut funktioniert wie heute? Daß Sie schon in der nächsten Woche Gesichter und Namen, die Sie nur einmal gesehen und gehört haben, sofort wiedererkennen? Und daß Ihnen zu einem Namen sofort, wie auf Knopfdruck, die wichtigsten Details des letzten Gesprächs wieder einfallen? Oder stellen Sie sich vor, bei Ihrem Spanisch-Abendkurs merken Sie plötzlich, daß Ihnen das Lernen der Vokabeln viel leichter fällt als je zuvor in Ihrem Leben.

Denken Sie einmal an die Vorteile im Berufsleben: Der Name eines jeden wichtigen Kunden ist, wenn Sie es wollen, sofort wieder in Ihrem Bewußtsein parat. Und Sie sehen die zentralen Punkte Ihres letzten Großauftrags wie eine Blitzlichtaufnahme ganz klar und detailliert vor Ihrem geistigen Auge. Wenn Sie der Konkurrenz weiterhin um eine Nasenlänge voraus sein wollen, ist es für Sie wichtig, daß Sie sich Daten und Fakten – zum Beispiel Verkaufszahlen, den Aufbau einer wichtigen Rede oder eines Vortrags, die Argumente eines Kundengesprächs und so weiter – leicht einprägen und bei Bedarf jederzeit wieder mühelos abrufen können.

Es gibt eine Methode, mit der sich das alles innerhalb kurzer Zeit erreichen läßt. Ihr Gedächtnis wird damit von Tag zu Tag brillanter; neues Fachwissen können Sie schon nach kurzem Überfliegen richtig einordnen; technische und wirtschaftliche Informationen aus Ihrer Branche speichern Sie effektiver denn je in Ihrem fotografischen Gedächtnis ab und können jederzeit darüber verfügen. Genauso ist es mit den wichtigsten Funktionen eines neuen Computerprogramms oder mit einer Fremdsprache, die Sie für Ihre nächste Geschäftsreise ins Ausland brauchen – all dies und noch vieles mehr stellt ab sofort kein

Problem mehr für Sie dar, denn Ihre Gedächtnis- und Konzentrationskapazität läßt sich verdreifachen.

Wie das geht? Ganz einfach! Unser Gehirn ist trainierbar wie ein Muskel. Kein Mensch hat von vornherein ein gutes oder ein schlechtes Gedächtnis; seine Merkfähigkeit ist nur mehr oder weniger geübt. Mit der Geisselhart-Methode können Sie Ihr Gedächtnis so verbessern, daß es schon innerhalb kürzester Zeit zu wahren Marathonleistungen fähig ist. Und dieses Gehirntraining macht sogar noch Spaß, denn dabei werden Ihre Gedächtnisleistungen auf spielerische Weise gefördert, und Sie entdecken eine längst vergessen geglaubte Eigenschaft wieder: Phantasie. Außerdem geht das Trainingsprogramm in kleinen Übungsschritten voran, so daß Sie schon nach ein paar Stunden die ersten Erfolgserlebnisse haben werden.

Unser Gehirn ist trainierbar

Ich ärgerte mich früher fast täglich über mein schlechtes Gedächtnis, das mir den Weg zum Erfolg verbaute. Damals ging ich noch zur Schule und bekam von meinen Lehrern regelmäßig schlechte Noten, weil ich mir den Unterrichtsstoff nicht merken konnte und bei Klassenarbeiten dementsprechend schlecht abschnitt. Das ärgerte mich, und ich beschloß, es meinen Lehrern zu zeigen. Ich begann alle Bücher über Gedächtnistraining zu lesen, die ich auftreiben konnte, und machte konsequent jeden Tag ein paar Übungen aus diesen Büchern. Bald hatte ich keine Gedächtnisprobleme mehr. Meine Lehrer staunten nicht schlecht, und meine Schulnoten stiegen in astronomische Höhen.

Später beschloß ich, aus meiner einstigen Not eine Tugend zu machen: Da ich mich schon als Schüler mit so vielen Gedächtnistrainings-Methoden beschäftigt hatte und genau wußte, wie das menschliche Gehirn funktioniert, beschloß ich, auch andere Menschen an diesem Wissen teilhaben zu lassen, und entwickelte aus dem großen Schatz meiner Kenntnisse und Erfahrungen mein eigenes Gedächtnistrainings-Programm. Ich hatte nämlich festgestellt, daß es zwar ungeheuer viele Bücher zum Thema »Gedächtnistraining« gibt, daß aber die meisten viel zu kopflastig, zu theoretisch sind und die praktische Seite des

Gedächtnistrainings zuwenig betonen. Man kann sein Gedächtnis aber nicht verbessern, indem man noch mehr Theorie hineinstopft – damit erreicht man eher das Gegenteil. Mein Trainingsprogramm – das nahm ich mir damals fest vor – sollte praxisorientiert und selbst für ungeübte Gehirne leicht zu bewältigen sein.

So entwickelte ich aus allen Gehirntrainingsarten, die es auf der Welt gibt, meine eigene Methode, die ich im Laufe der Jahre immer mehr verbesserte und verfeinerte. Inzwischen arbeite ich schon seit fünfzehn Jahren als Gedächtnistrainer und habe weit über 20 000 Seminarteilnehmer aus allen sozialen und beruflichen Schichten unterrichtet: Verkaufsleiter, Manager, Ingenieure, Werbeleute, Unternehmer ... Alle profitieren von meiner »Braining«-Methode und stellen fest, daß ihre Gedächtnisleistung sich schon nach einem zwei- bis dreitägigen Kurs um ein vielfaches verbessert hat.

Das Wissen für meine Kurse beziehe ich aus allen Winkeln unserer Welt. Ich hole mir aus sämtlichen Denksystemen und Kulturen das heraus, was ich brauche. Einen genialen indischen Philosophieprofessor, Dr. Mohan Singh, habe ich in seiner Akademie in Neu-Delhi persönlich besucht; außerdem befasse ich mich mit japanischen Techniken und verwende die Strategien aus dem *Tao teking* von Laotse genauso wie das neuste Managementwissen und die Erkenntnisse der modernen Gehirnforschung.

Lernen Sie, bildhaft zu denken!

Bei meiner Beschäftigung mit dem Thema »Gedächtnis« hat sich ein wichtiger Grundsatz herauskristallisiert, der zur Basis meines Gehirn- und Intelligenztrainings wurde: Der Schlüssel zum guten Gedächtnis ist das Denken in Bildern. *Imagination ist wichtiger als Information* – das wußte schon Albert Einstein. Die meisten Menschen machen den Fehler, sich abstrakte Wörter und Begriffe merken zu wollen, statt in Bildern zu denken. Dabei nutzen sie bestenfalls einen Bruchteil ihrer Gehirnkapazität – und haben immer wieder frustrierende Mißerfolgserlebnisse, weil ihr Gedächtnis sich weigert, diese nicht »gehirngerechten« Daten zu speichern.

Dabei könnten Sie es sich viel einfacher machen: Abstrakte Dinge lassen sich nämlich mühelos merken, wenn man sie in Bilder umsetzt. Schon in der Schule haben Sie sich diese Erkenntnis unbewußt zunutze gemacht, indem Sie »Eselsbrücken« bauten: Wer Latein gelernt hat, erinnert sich vielleicht heute noch daran, wie er sich damals die lateinischen Wörter für »einmal«, »zweimal«, »dreimal«, «viermal« (semel – bis – ter – quater) mit Hilfe des Satzes: »In die Semmel biß der Kater« eingeprägt hat. Sie sehen: Man braucht sich nur ein konkretes, anschauliches Bild auszudenken – und schon merkt man sich die schwierigsten Vokabeln, Begriffe und Informationen mit spielerischer Leichtigkeit. Auf diesem einfachen Prinzip basiert auch meine Gedächtnistrainings-Methode: Meine Seminarteilnehmer müssen lernen, abstrakte Begriffe mit anschaulichen Bildern zu verknüpfen. Diese Bilder bleiben auf Anhieb im Gedächtnis haften – und damit auch die abstrakten Daten, die man zuvor mit ihnen assoziiert hat. Je alberner, je grotesker dieses »Kino im Kopf« ist, um so besser merkt man sich die dazugehörige Information – denn das Prägnante, Ungewöhnliche prägt sich leichter ein als das, was wir tagtäglich sehen und erleben.

Das Memory-Prinzip

Sicher haben Sie auch schon einmal mit Ihren Kindern Memory gespielt. Und wer hat gewonnen?

Höchstwahrscheinlich Ihre Kleinen. Haben Sie sich darüber gewundert, mit welch unfehlbarer Sicherheit Kinder sich merken können, wo die Bildpaare liegen, während Sie als Erwachsener schon nach ein paar Minuten hoffnungslos im dunkeln tappen?

Das liegt daran, daß Kinder noch über sehr viel Phantasie und bildhaftes Wahrnehmungsvermögen verfügen. Mit Beginn der Schulzeit wird ihnen das dann systematisch abtrainiert; jetzt stehen logisches Denken und die Ansammlung von abstraktem Faktenwissen im Vordergrund.

Aber das bildhafte Wahrnehmungsvermögen ist zum Glück nicht verlorengegangen, sondern nur verschüttet – von den Erfordernissen des modernen Schul-, Studien- und Berufsalltags überlagert. Das erstaunliche Ausmaß der kindlichen Vorstellungskraft läßt sich auch bei uns Erwachsenen wiedererwecken. Mit Hilfe dieses Buches werden Sie schon nach wenigen Übungen die ersten Erfolge haben. Sie werden Ihre Phantasie und Ihr bildhaftes Denken Stück für Stück befreien und in vielen Bereichen und Situationen für Ihr Alltagsleben nutzbar machen können.

Und dann werden Sie auch wieder im Memory gewinnen!

Ausgangspunkt meiner Gedächtnistrainings-Kurse ist jeweils eine Grundliste von 20 scheinbar sinnlos aneinandergereihten Begriffen wie Baum, Handschuh, Ticket, Auto, Blumentopf und so weiter. Das ist nicht so unsinnig, wie es auf den ersten Blick vielleicht aussieht: Denn auch Einkaufs- und Erledigungslisten, Zahlen und Fakten, die wir uns merken müssen, sind auf den ersten Blick oft ziemlich zusammenhanglos – so lange, bis wir sie mit Hilfe anschaulicher Bilder miteinander verknüpfen.

Diese Grundliste muß der Seminarteilnehmer nun auswendig lernen und dabei Eselsbrücken bilden: Dazu wird eine absurde bildliche Verknüpfung zwischen den einzelnen Posten der Liste erfunden oder eine Bildergeschichte erzählt. Zwar sind die Manager nach einem Seminartag noch nicht so perfekt im Entwerfen von Bildern wie ihre Trainer, aber sie haben doch wenigstens schon eine Grundlage, um eine freie Rede halten, sich Namen oder Telefonnummern merken zu können – ohne Notizen. Bis man es zur Meisterschaft gebracht hat, muß zu Hause aber noch fleißig geübt werden – mindestens drei Wochen lang täglich eine halbe Stunde.

Der nächste Schritt: vom Gedächtnis zur Intelligenz

Aber Sie können mit Hilfe des Bilderdenkens nicht nur Ihre Gedächtnisleistung um ein vielfaches steigern; nein, Sie werden feststellen, daß Sie dadurch auch in unzähligen anderen Lebensbereichen erfolgreicher und leistungsfähiger werden. Gedächtnistraining ist nur der erste Schritt. Der tiefere Sinn dieses Übungsprogramms liegt in der Entwicklung Ihres wahren, noch schlummernden geistigen Potentials, Ihrer höheren Erkenntniskräfte, Ihrer Talente, von denen Sie bisher vielleicht noch gar nicht ahnten, daß Sie sie besitzen.

Durch das Denken in Bildern und das Einüben bildhaft-anschaulicher, ungewöhnlicher Verknüpfungen werden Sie nämlich automatisch kreativer und geistig flexibler; Ihr Denken bewegt sich auf einmal in ganz neuen Bahnen. Und diese Kreativität ist der erste Schritt zum Erfolg: Schon oft entstanden Erfindungen und kreative Neuerungen auf der Grundlage von Gedankenverbindungen, die ungewöhnlich, ja auf den ersten Blick vielleicht sogar absurd erschienen. Immer wieder erlebe ich, daß durch das Gedächtnistraining mit bildhaften Vorstellungen bei meinen Seminarteilnehmern ungeahnte Talente und Fähigkeiten ans Tageslicht gefördert werden.

Man kann sich die Talente der Teilnehmer so vorstellen wie einen Luftballon, der nur halb aufgeblasen ist. Die Schrift darauf ist kaum lesbar. Sie wird erst dann deutlich erkennbar, wenn man den Luftballon bis zu einer gewissen Größe aufbläst. Die Seminarteilnehmer bekommen ein Gespür für das »gewisse Etwas« an einer Idee oder Gedankenverbindung. Sie erkennen ihre Neigungen und Fähigkeiten deutlicher als vorher, können sie vielleicht zum erstenmal präzise in Worte und Bilder fassen – und das ist bereits der erste Schritt zur praktischen Umsetzung. Die Einzelteile im Mosaik ihrer Gedanken, Wünsche, Begabungen, Hoffnungen und Neigungen finden durch das Bilderdenken besser zueinander. Innere Zerrissenheit klärt sich durch Verwendung der Bildersprache, so wie das auch im Traum geschieht. Gegensätze vereinen sich und werden zu Zielfindungen.

Der Erfolgsautor von »Jurassic Park«, Michael Crichton, beschreibt in seinem Science-fiction-Thriller »Die Gedanken des Bösen« die Bedeutung der Vorstellungskraft auf treffende Weise aus der Sicht eines Außerirdischen:

»Auf eurem Planeten habt ihr ein Tier, das ihr Bär nennt. Es ist groß, manche sind größer als ihr, es ist klug und einfallsreich, und es hat ein Gehirn so groß wie eures. Doch der Bär unterscheidet sich in einem wichtigen Punkt von euch. Er kann nicht das tun, was ihr sich etwas vorstellen nennt. Er kann sich

15

in seinem Geist nicht ausmalen, wie die Wirklichkeit sein könnte, sich kein Bild von dem machen, was ihr die Vergangenheit und was ihr die Zukunft nennt. Nur diese besondere Vorstellungskraft, und sonst nichts, hat eurer Art zu der Bedeutung verholfen, die ihr besitzt – nicht eure Affennatur, nicht euer Werkzeuggebrauch und auch nicht die Sprache, weder eure Gewalttätigkeit, noch eure Nachwuchspflege und auch nicht eure Einteilung in gesellschaftliche Gruppen. Nichts von alldem ist es, denn das findet sich auch bei anderen Tieren. Eure Bedeutung liegt in der Vorstellungskraft. Die Fähigkeit, sich etwas vorzustellen, ist der größte Teil dessen, was ihr Intelligenz nennt. Ihr haltet den Einsatz dieser Fähigkeit lediglich für einen nützlichen Schritt auf dem Wege zu einer Problemlösung oder zur Verwirklichung von etwas. Dabei ist es die Vorstellungskraft selbst, die etwas geschehen läßt.«

Auf Ihre aktive Mitarbeit kommt es an!

In vielen Kapiteln dieses Buches werden Sie Aufgaben und Übungen finden. Bitte machen Sie *alle* diese Übungen, auch wenn Sie vielleicht den Sinn nicht ganz einsehen, weil Ihnen die Aufgaben viel zu leicht und zu banal vorkommen. Aber jede Aufgabe ist ein kleiner Schritt vorwärts, jede Aufgabe bringt eine winzig kleine Erkenntnis und Erfahrung, jede Aufgabe spornt Ihren Ehrgeiz und Scharfsinn etwas mehr an – und: Je mehr Aufgaben Sie lösen, um so eher ergeben die einzelnen Teile ein sinnvolles Ganzes.

Ihre Geduld wird belohnt werden: Die ersten Fortschritte zeigen sich recht schnell, und Sie werden sich wundern, in wie vielen Lebensbereichen sich die Auswirkungen eines guten Gedächtnisses zeigen können. Die kleinen Erfolgserlebnisse sind wie Puzzleteile, die Sie als Spieler zu einem sinnvollen Muster zusammensetzen müssen, damit sich ein Bild ergibt. Sie sind sogar noch besser als normale Puzzleteile: Denn sie sind bunt und universell verwendbar wie bei einem Kaleidoskop. Sie erinnern sich: Das waren die kleinen Fernrohre, in denen vorne eine Handvoll bunter Glassteinchen lag und ein paar Spiegel befestigt waren, und egal, wie man das Fernrohr drehte, die Steinchen ergaben immer ein schönes symmetrisches Blumenbild. Auch unsere Übungen und Erfolgserlebnisse lassen sich so kombinieren. Sie sind nicht starr auf ein

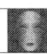

bestimmtes Ziel oder eine bestimmte Aufgabe ausgerichtet; sie lassen sich vielmehr ganz variabel Ihren Bedürfnissen entsprechend aneinandersetzen und bei nächster Gelegenheit wieder neu verknüpfen. Wie es in der Lego-Reklame einmal so schön hieß:»Jeden Tag ein neues Spiel.«

Sie sind der Akteur, Sie können die Bausteine jeden Tag neu zusammensetzen, Sie entscheiden. Nicht wir sagen Ihnen, worauf es ankommt: Ihre persönlichen Versuche, Ihre Übungssituationen im Alltag und Ihre eigenen Erfahrungen und Auswertungen sind die entscheidenden Faktoren. Setzen Sie Ihre eigenen Erfolgsbilder zusammen, jeden Tag aufs neue!

Erzählen Sie niemandem von Ihrem Vorhaben!

Wenn Sie nun Ihr Gedächtnis und Ihre geistigen Fähigkeiten ausbilden, so verraten Sie anfangs lieber niemandem etwas davon. Überraschen Sie die Menschen in Ihrer Umgebung erst dann damit, wenn Sie die ersten Ergebnisse demonstrieren können. Trainieren Sie zunächst für sich allein; dann sind Sie gegen die Zweifel und Skepsis der anderen am besten gefeit. Ihre ersten Erfolge und Motivationsfäden sind noch recht dünn; riskieren Sie lieber nicht, daß sie durch Spott und Ignoranz gleich zerstört werden!

Wenn Sie sich dann die grundlegenden Fähigkeiten angeeignet und die ersten Erfahrungen in der praktischen Umsetzung gemacht haben, dürfen Sie Ihr Vorhaben anderen mitteilen. Aber achten Sie darauf, daß diese anderen Personen auf einer ähnlichen Wellenlänge liegen wie Sie und Interesse zeigen; so können Sie am ehesten mit Verständnis und Unterstützung rechnen.

Sobald Sie die ersten Ergebnisse vorweisen können, werden Sie überraschte, neugierige Zuhörer finden – und bereitwillige Übungspartner!

Zum Abschluß noch ein guter Tip: Üben Sie mit Ihren Kindern! Von ihnen können Sie Phantasie und bildhaftes Denken lernen. Und denken Sie immer positiv. Dann wird es Ihnen leichter fallen, effektiv zu arbeiten und Ihre Motivation zu steigern.

1

Der erste Schritt

Als erstes werden Sie lernen, Wortpaare und -ketten miteinander zu verknüpfen und sich einzuprägen. Ein kurzer Einführungstest wird Ihnen zunächst einmal zeigen, wie gut (oder schlecht) Ihr Gedächtnis im Augenblick ist. In einem ausführlichen Übungsteil können Sie dann Ihr bildhaftes Denken trainieren und lernen, sich immer längere Reihen von Begriffen einzuprägen – so lange, bis selbst komplizierte Erledigungslisten und die Termine für die nächste Woche kein Problem mehr für Sie sind. Und zum Schluß werden Sie sie sogar »im Schlaf« aufsagen können und feststellen, daß Sie sich kaum noch etwas aufzuschreiben brauchen.

Test: Wie gut ist Ihr Gedächtnis?

Zur Einstimmung in das Thema Gedächtnistraining wollen wir Ihnen ein paar Übungen anbieten, die Ihnen zeigen sollen, wie es speziell um Ihre persönliche Merkfähigkeit bestellt ist.

Aufgabe 1: Wortpaare

Prägen Sie sich folgende Wortpaare gut ein:

> Fenster – Buch
> Sanduhr – Dachziegel
> Orange – Wiese
> Kerze – Hahn

Nach fünf Minuten decken Sie erst die eine, dann die andere Seite zu und überprüfen, ob Sie die jeweils passenden Wörter noch wissen.

Aufgabe 2: Dreierkombinationen

Versuchen Sie nun das gleiche mit den folgenden Dreierkombinationen; Sie haben für die Lösung dieser Aufgabe wieder fünf Minuten Zeit. Prägen Sie sich also diese Begriffe ein:

> Kaffee – Zeitung – Watte
> Bleistift – Butter – Ferien
> Blumenkohl – Name – Taschentuch
> Tafel – Bach – Mauer

Aufgabe 3: Am laufenden Band

Sie erinnern sich doch bestimmt noch an die Fernsehshow mit Rudi Carrell, in der der siegreiche Kandidat am Ende der Sendung »am laufenden Band« saß und sich die Gegenstände merken sollte, die an ihm vorbeizogen. Wie viele solcher Gegenstände könnten Sie sich merken? Machen Sie doch gleich einmal die Probe aufs Exempel: Lesen Sie die folgende Wortkette aufmerksam durch, und prägen Sie sich die Begriffe innerhalb von fünf Minuten so gut wie möglich ein. Danach legen Sie das Buch beiseite und beschäftigen sich zehn Minuten lang mit etwas anderem. Anschließend versuchen Sie, möglichst viele Begriffe in der richtigen Reihenfolge aufzuschreiben.

Stellen Sie sich vor, daß auf Ihrem »laufenden Band« jetzt nacheinander diese Gegenstände erscheinen:

Waschmaschine	**Palme (Symbol für**
Toaster	**Hawaii-Reise)**
Rasenmäher	**Mercedes**
Fernseher	**Pelzmantel**
Fahrrad	**Krokodilledertasche**
Schwimmflossen	**Französisch-Lehrbuch**
CD-Player	**(Symbol für einen**
zwölfbändiges Lexikon	**Sprachkurs)**
Handmixer	

Seien Sie ehrlich: Wie viele Begriffe haben Sie sich gemerkt? Waren es über zehn? Oder gar zwischen zwölf und fünfzehn? Dann sind Sie schon fast ein Gedächtnis-Genie! Denn mit einem normal geübten Alltagsgedächtnis merken wir uns ohne große Anstrengung gerade mal acht bis zehn Begriffe; dann fängt es schon an, schwierig zu werden. Wir wollen Ihnen jetzt zeigen, wie Sie sich mühelos noch mehr einprägen können: indem Sie nämlich Ihr bildhaftes Vorstellungsvermögen einsetzen.

Einfache Bildverknüpfungen

Wenn Sie sich etwas dauerhaft merken wollen, gibt es einen ganz simplen Trick: Machen Sie einfach ein Bild daraus!

Sehen Sie dieses Bild deutlich und plastisch vor Ihrem geistigen Auge.

Setzen Sie für diese Aufgabe Ihre ganze Phantasie und Ihr bildhaftes Vorstellungsvermögen ein!

Wie phantasievoll Ihre Bilder sein können und dürfen, zeigen wir Ihnen anhand von ein paar Beispielen.

Beispiel 1: Wortpaare

Nehmen Sie zunächst einmal das Wortpaar

Fenster – Buch

aus der ersten Gedächtnisübung, und versuchen Sie, diese beiden Bilder auf möglichst originelle Art miteinander zu verknüpfen. Was läßt sich daraus machen?

Da gibt es unendlich viele Möglichkeiten:

- Auf dem **Buch**deckel ist ein **Fenster** abgebildet; wenn man das Buch aufschlägt, öffnet sich das Fenster, und ein Meer von Buchstaben fließt heraus.

- Jemand wirft ein **Buch** gegen das **Fenster**; klirrend zerbricht das Glas.

- Das **Fenster** klemmt und läßt sich partout nicht öffnen; wir müssen erst in einem »schlauen **Buch**« nachschauen, was zu tun ist.

- Ein Kind möchte das **Fenster** öffnen und klettert auf einen **Bücher**stapel, um an den Griff heranzukommen.

- Im Zimmer ist dicke Luft; aber Sie öffnen nicht das **Fenster,** sondern das **Buch,** und sofort weht Ihnen ein frischer Wind um die Nase!

Finden Sie selbst noch drei weitere Verknüpfungen von »Fenster« und »Buch« – möglichst phantasievoll, möglichst einprägsam!

1.
....

....

....

2.
....

....

....

3.
....

....

....

Beispiel 2: Dreierkombinationen

Dasselbe läßt sich natürlich auch mit den Dreierkoppelungen durchführen:

Kaffee – Zeitung – Watte

- Der **Kaffee** fließt in eine zur Tüte zusammengerollte **Zeitung,** die unten mit **Watte** abgedichtet ist, damit der Kaffee nicht heraustropft.

- Auf einer großen **Kaffee**pfütze schwimmt ein Schiffchen aus **Zeitungs**papier mit einem **Watte**bausch als Rauch auf dem Schornstein.

- Ihr Partner gießt den **Kaffee** morgens nicht in die Tasse, sondern über Ihre **Zeitung** und steckt sich, als Sie laut protestieren, **Watte** in die Ohren.

- Sie gießen den **Kaffee** aus einer Kanne aus **Zeitungs**papier in eine Tasse aus **Watte.**

Finden Sie hier ebenfalls noch drei weitere Beispiele!

1. ....

....

....

2. ....

....

....

3.

Beispiel 3: Am laufenden Band

Auch ganze Wortketten kann man sich mühelos auf diese Weise einprägen. Man braucht nur ein wenig Handlung und Bewegung in die Vorstellungsbilder zu bringen:

Auf dem Band erscheinen eine **Waschmaschine** und ein **Toaster.** Wir stecken den Toaster in die Waschmaschine hinein, und er macht ein schepperndes Geräusch. Das gefällt uns nicht; also holen wir ihn wieder heraus und stellen ihn auf den **Rasenmäher:** Nun wird das Toastbrot grün.

Wir ersetzen den Toaster durch einen **Fernseher** und können jetzt beim Rasenmähen einen Film ansehen. Als nächstes kommt das **Fahrrad:** Wir befestigen den Fernseher auf dem Lenker und fahren fernsehschauend davon. Da wir an den Strand wollen, ziehen wir auf dem Rad gleich die **Schwimmflossen** an. Doch dann stecken wir sie in den **CD-Player** – und das **zwölfbändige Lexikon** gleich hinterher. Es passen aber nur elf Bände hinein; deshalb zerkleinern wir den zwölften mit dem **Mixer:** Jetzt hat er auch Platz.

Den Mixer nehmen wir mit nach Hawaii und mixen uns einen exotisch-fruchtigen Palmblätterdrink. Unter der **Palme** steht der **Mercedes,** auf dem Beifahrersitz liegen ein **Pelzmantel** und eine bezaubernde **Krokodilledertasche.** Diese paßt natürlich auch gut nach Paris, und wir nehmen sie mit bei unserem obligatorischen Ausflug auf den Eiffelturm. Doch oben auf dem Turm fällt die Tasche herunter und genau in die Tür der **Sprachschule.** Dort steht der Sprachlehrer Jean-Marc, ein typischer Franzose mit Bärtchen und viel Charme, und wartet schon auf Sie.

Wenn Sie diese zugegebenermaßen recht abenteuerliche Geschichte mit etwas Phantasie mitverfolgt und sich die Bilder und Bewegungen plastisch vorgestellt haben, dann haben Sie nun die besten Voraussetzungen, sich an die Begriffe zu erinnern: Versuchen Sie es, gleich jetzt!

Sie sehen – es ist eigentlich ganz einfach

➜ Versuchen Sie, lustige und originelle Bilder zu schaffen. Lösen Sie die Begriffe, die Sie verknüpfen wollen, aus ihrem logischen Kontext heraus: Stecken Sie den Toaster in die Waschmaschine und das Lexikon in den CD-Player!

➜ Nehmen Sie ruhig die erste spontane Assoziation, die Ihnen einfällt – sie ist meist auch die beste!

➜ Ersetzen Sie einen Begriff in seiner Funktion durch einen anderen: Sie öffnen nicht das Fenster, sondern das Buch, um zu lüften!

➜ Übertreiben Sie Größe, Zahl, Menge oder Form der Gegenstände.

➜ Bringen Sie so oft wie möglich Bewegung und Handlung in Ihre Bildvorstellungen hinein! Fahren Sie selbst mit dem Rasenmäher und dem Fahrrad, anstatt diese Gegenstände nur statisch wahrzunehmen!

➜ Verknüpfen Sie Ihre Begriffe und Handlungen auch mit den dazugehörigen Geräuschen, mit Geruch und Geschmack: Der Toaster macht in der Waschmaschine einen Höllenlärm, und der Drink mit den kleingemixten Palmblättern schmeckt wirklich sehr exotisch.

➜ Und zum Schluß das Allerwichtigste: Sehen Sie Ihr Verknüpfungsbild so intensiv, deutlich, plastisch und lebhaft vor sich, wie Sie nur können!

Und nun: üben, üben, üben ...

So, nun haben Sie verstanden, worum es geht, und wir können mit den Übungen beginnen – denn die Verknüpfungen, die Sie sich selbst ausdenken, werden Ihnen am besten im Gedächtnis haftenbleiben.

Übung 1: Wortpaare

Bilden Sie mindestens acht phantasievolle Verknüpfungen mit dem Wortpaar

Würfel – Tür

1.

2.

3.

4.

5.

6.

7.

8.

Übung 2: Wortketten

Versuchen Sie sich nun die untenstehende Wortkette einzuprägen, indem Sie die einzelnen Begriffe auf originelle Art miteinander verknüpfen:

Lampe
Freibad
Acker
Nilpferd
Lottoschein
Straßen-
bahn
Blumentopf
Liegestuhl
Polizist
Sportverein
Hammer
Fliege
Bank
Aktenkoffer
Autoreifen

Dazu noch einmal eine kleine Gedächtnisstütze

Wichtig ist bei all diesen Bildverknüpfungen, daß Sie sich mit viel Phantasie aus Ihrem Alltag und den herkömmlichen Denkstrukturen lösen und die jetzt verfremdeten Gegenstände und »Ereignisse« ganz genau, ganz deutlich vor sich sehen.

Schreiben Sie Ihre Phantasiegeschichte hier auf, lesen Sie sie noch einmal durch, und stellen Sie sich dabei alles genau vor:

Und nun versuchen Sie sich an alle 15 Begriffe der Wortkette zu erinnern, und schreiben Sie sie hier auf! (Nur wenn Sie absolut nicht mehr weiterwissen, dürfen Sie zurückblättern und nachschauen, wie die Liste weitergeht. Dann werden Ihnen auch die nächsten Verknüpfungen Ihrer Bildergeschichte sofort wieder einfallen.)

Na, wie ist es gegangen? Haben Sie noch alle Begriffe gewußt – oder mußten Sie öfters nachschlagen?

Falls Sie Schwierigkeiten hatten, machen Sie die Übung einfach noch einmal. Beim zweiten Durchgang werden sich die Bilder sicher schon viel fester in Ihrem Gedächtnis verankern.

Lesen Sie auch die Regeln auf Seite 26 (»Sie sehen – es ist eigentlich ganz einfach«) noch einmal durch, und prüfen Sie, ob Ihre Phantasiegeschichte all diese Anforderungen erfüllt:

→ Waren Ihre Bilder wirklich lustig und originell, ja vielleicht sogar absurd? Alltägliche bildhafte Verknüpfungen bleiben nicht gut im Gedächtnis haften.

→ Haben Sie genügend Bewegung und Handlung in Ihre Bildergeschichte hineingebracht? Was sich bewegt, weckt mehr Aufmerksamkeit als alles Statische.

→ Haben Sie in Größe, Zahl, Menge oder Form übertrieben?

→ Haben Sie alles wirklich ganz deutlich und plastisch vor sich gesehen?

→ Und haben Sie sich auch Geruch, Geräusche und Geschmack zu Ihrer Geschichte vorgestellt?

Sobald Sie das Gefühl haben, diese Übung zu beherrschen, können Sie zum nächsten Teil unseres Gedächtnistrainings-Programms übergehen. Jetzt werden Sie lernen, das, was Sie bisher geübt haben, auch für Ihr Alltagsleben nutzbar zu machen.

Setzen Sie Ihre neuen Fähigkeiten im Alltag ein!

Bisher haben Sie einfach »ins Blaue hinein« geübt – ohne jede praktische Anwendungsmöglichkeit. Jetzt wollen wir das Gelernte gleich in den Alltag übertragen. Wir fangen mit einer ganz gewöhnlichen Einkaufsliste und einer Erledigungsliste für nächsten Mittwoch an. Danach merken wir uns noch die wichtigsten Termine der kommenden Woche.

Übung 3: Eine kurze Einkaufsliste

Merken Sie sich die folgende Einkaufsliste mit Hilfe von lustigen, lebendigen Verknüpfungen:

> **Milch**
> **Kopfsalat**
> **Kuchen**
> **Äpfel**
> **Nudeln**
> **Butter**
> **Wurst**
> **Klebeband**
> **Briefumschläge**
> **Rosen**

Falls Sie mit den Verknüpfungen noch Schwierigkeiten haben sollten: Auf Seite 37 finden Sie als kleine Anregung einen Verknüpfungsvorschlag von uns. Aber schlagen Sie diese Seite bitte nur dann auf, wenn Ihnen einmal wirklich keine eigene Verknüpfung einfällt!

Schreiben Sie nun hier Ihre Verknüpfungen nieder:

Und nun decken Sie die rechte Seite (»Unser Lösungsvorschlag«) mit einem Blatt Papier ab, und versuchen Sie, die zehn Posten Ihrer Einkaufsliste auswendig niederzuschreiben.

Es ist ganz einfach: Sie brauchen nur Ihre Bildergeschichte noch einmal wie einen Film vor Ihrem inneren Auge ablaufen zu lassen.

....

....

....

....

....

....

....

....

....

....

Unser Lösungsvorschlag

Und hier ist unser Vorschlag für eine einprägsame Verknüpfung:

Sie gießen **Milch** über den **Kopfsalat,** um ihn besonders sauber zu waschen. Die Milch fangen Sie in einer Schüssel auf und verwenden sie noch einmal im **Ku**chenteig. In die Backform kommen obenauf ein paar **Äpfel** mitsamt der Schale, garniert mit einer Handvoll **Nudeln.** Den Rest der Nudeln stopfen Sie in die **Butter**dose, die **Wurst** kommt gleich obendrauf, und dann kleben Sie das Ganze mit **Tesafilm** gut zu und stecken es in einen **Briefumschlag.** Darauf malen Sie noch eine schöne **Rose** und stellen den Brief bis zum Abend in den Kühlschrank.

Übung 4: Eine ganz, ganz lange Einkaufsliste

Nun bekommen Sie aber keine Hilfe mehr von uns. Verknüpfen Sie die Begriffe der folgenden Liste miteinander:

Waschpulver	**Zahncreme**
Tomaten	**Streichhölzer**
Schuhbänder	**Tee**
Kaffee	**Bier**
Pizza	**Margarine**
Kekse	**Schokolade**
Eier	**Zitronen**
Blumenerde	

Und nun blättern Sie um, schreiben Sie die Liste auswendig nieder, und prüfen Sie, ob Sie sich alles richtig eingeprägt haben:

37

_____

_____

_____

_____

_____

_____

_____

_____

_____

_____

_____

_____

_____

Wenn Sie noch alle Begriffe wußten, brauchen Sie in Zukunft keinen Einkaufszettel mehr! Schreiben Sie künftig alles, was Sie einkaufen müssen, auf eine Liste, verknüpfen Sie die einzelnen Posten miteinander, und riskieren Sie es – gehen Sie ohne Zettel einkaufen! Schon bald werden Sie feststellen, daß sich Ihre Gedächtnisleistung dadurch sehr verbessert hat.

Übung 5: Was Sie alles erledigen müssen

Und nun kommt die versprochene Erledigungsliste für den kommenden Tag:

- Morgen müssen Sie als erstes **Frühstücksbrötchen** holen,
- dann bringen Sie Ihre **Kinder zur Schule,**
- und Ihr **Auto** muß **zum Kundendienst.**
- Im Büro **schauen** Sie schnell **die Post durch,**
- und um zehn Uhr haben Sie eine **Mitarbeiterversammlung.**
- Anschließend gehen Sie **mit einem Kollegen zum Mittagessen.**
- Dann müssen Sie die **Rechnungen an Ihre Kunden schreiben**
- und Ihren **Chef um eine Gehaltserhöhung bitten.**
- Nach der Arbeit kaufen Sie noch **Hundefutter** ein
- und holen auf der Post die neuen **Sonderbriefmarken.**
- Sie **bestellen** auf dem Heimweg in Ihrem Lieblingsrestaurant **einen Tisch für kommenden Samstag,**
- und zu guter Letzt **mähen** Sie vor dem Abendessen noch schnell **den Rasen.**

Wenn das nicht ein ausgefüllter Tag war – und Sie haben auch wirklich nichts vergessen? Testen Sie sich, indem Sie die Erledigungsliste mit einem Blatt Papier abdecken und Ihre zwölf Erledigungen auswendig niederzuschreiben versuchen.

....

....

....

....

....

Übung 6: Eine effektive Woche

Und nun zu den wichtigsten Terminen für die kommende Woche:

- Am Montag gehen Sie abends zur **Massage.**
- Am Dienstag kommt ein wichtiger **Geschäftspartner** zu Ihnen ins Büro,
- und Sie haben am Spätnachmittag einen Kontrolltermin beim **Zahnarzt.**
- Außerdem ist noch **Elternabend im Kindergarten.**
- Am Mittwoch ist die **Jahresversammlung der Außendienstmitarbeiter** in Ihrer Firma,
- anschließend findet gleich die **monatliche Firmenbesprechung** statt.
- Wenn Sie rechtzeitig zurückkommen, gehen Sie abends noch in den **Tanzkurs.**
- Am Donnerstag wollen Sie **mit einem Kollegen** nach Feierabend **Golf spielen** gehen.
- Am Freitag nehmen Sie **einen Tag Urlaub auf Gleitzeit.**
- Abends läuft ein besonderer Film im **Kino,** den Sie schon lange einmal sehen wollten.
- Am Samstag sind Sie mittags **bei Freunden zum Grillfest** eingeladen,
- und am Sonntag sind Sie **bei den Schwiegereltern zum Mittagessen** angemeldet.

Verknüpfen Sie die zwölf Termine miteinander. Sie sehen: Inzwischen können Sie die bildhaften Gedankenverbindungen schon im Kopf schaffen und brauchen sie nicht mehr aufzuschreiben. Ihr Gedächtnis ist schon ein bißchen geübter als am Anfang.

Und nun testen Sie sich wieder. Schreiben Sie alle zwölf Erledigungen aus dem Kopf nieder, und überprüfen Sie dann, ob Sie noch alles wußten!

Hatten Sie sich alles richtig eingeprägt? Da diese Liste schon ziemlich lang und daher auch schwierig für Sie war, wollen wir Ihnen auf der nächsten Seite ausnahmsweise noch einmal ein wenig auf die Sprünge helfen.

Unser Lösungsvorschlag

Nach dem ersten Arbeitstag der Woche fühlen Sie sich leicht gestreßt und brauchen dringend etwas zur Entspannung: Sie gehen zur **Massage**. Am Dienstag haben Sie **Dienst**: Sie stellen sich vor, wie Sie salutierend in der Tür stehen, als der wichtige **Geschäftspartner** eintrifft. Nachdem der Besuch etwas anstrengend war und Ihnen gehörig auf die Nerven gegangen ist, geht es jetzt zu allem Überfluß auch noch mit Schmerzen weiter: Der **Zahnarzt** bohrt Ihnen bis auf den Nerv. Dabei erzählt er Ihnen, daß er kürzlich im **Kindergarten** die Kleinen untersucht hat und daß sie alle sehr tapfer waren – viel tapferer als die meisten Erwachsenen.

> Für Sie sind Ihre eigenen Verknüpfungen
> um vieles richtiger, denn sie entstammen
> Ihrer eigenen Phantasie.

Und so weiter, und so weiter. Das können Sie auch! Setzen Sie Ihre Phantasie ein, und überprüfen Sie dann die Wirksamkeit Ihrer gespeicherten Bilder!

Wenn wir Ihnen in diesem Kapitel in bezug auf die Bildverknüpfungen noch ein wenig Hilfestellung gegeben haben, wollten wir Ihnen damit aber keineswegs unsere Ideen und Vorstellungen als die einzig wahren aufdrängen. Im Gegenteil:

Phantasie wird oft unterschätzt. Das kommt unter anderem daher, daß gerade die Kinder ihre Phantasie noch nicht sinnvoll, ziel- und praxisorientiert einsetzen, sondern oft nur in ihren Tagträumen schwelgen. Sie als Erwachsener können lernen, Ihre Vorstellungskraft für praktische Ziele und Aufgaben nutzbar zu machen. Doch je klarer Sie sich einen Arbeitsablauf, eine Situation, ein Gespräch oder einen Weg vorstellen können, um so mehr können Sie davon profitieren: Sie werden mit Hilfe Ihrer gesteigerten Vorstellungskraft viel präzisere Schlußfolgerungen ziehen, Zeitkalkulationen und andere Berechnungen anstellen können.

Menschen mit schlechter oder zuwenig geübter Vorstellungskraft sind in ihrer Vorausplanung von Ereignissen und Vorhaben meistens viel zu ungenau. Je besser die visuelle Vorstellung und Phantasie ist, desto realistischer und effektiver kann die Planung werden. Denken Sie einmal an eine Situation zurück, in der Sie etwas Zukünftiges planten und es dann auch tatsächlich genau so eintraf. Oder wie Sie einen Plan aufstellten und mit Hilfe anderer Menschen ausführten. Das war doch sicherlich ein schönes Erfolgserlebnis! Sie sehen: Phantasie ist nicht unbrauchbar, sondern ganz bewußt und praktisch verwertbar!

Auch in Zeiten finanzieller Engpässe, die wohl jeder Mensch einmal durchstehen muß, ist Phantasie ein wichtiger Motivator. Jeder Gedanke, auch die kleinste Idee mit den geringsten Chancen auf Umsetzbarkeit, kann mittels Phantasie zu einem konkreten Vorstellungsbild ausgebaut werden. Solche Bilder – oft von der sonderbarsten Sorte – sind nicht selten der erste Schritt zu einer späteren erfolgreichen praktischen Umsetzung.

Pflegen Sie Ihre Träume! Genießen Sie auch Ihre alltagsfernen Phantasien, denn das ist eine wunderbare Entspannungstechnik. Umschalten ist leichter als Abschalten!

Phantasie ist das allererste und beste Werkzeug, um Ihre fernsten Ziele und unerreichbar scheinenden Träume in spürbare Nähe zu rücken. Die ständige innere Nähe zu Ihren höchsten Ideen und Zielen ist die allerbeste Voraussetzung, um Teile dieser Träume oder Prinzipien, die ihnen zugrunde liegen, früher oder später einmal in die Realität umzusetzen. So wurde ich selbst vom unrealistischen Träumer zum erfolgreichen Gedächtnistrainer.

Also: Kreieren Sie ruhig Ihre eigenen phantasievollen und »verrückten« Bildvorstellungen. Mit unseren Beispielen wollen wir ihnen nur zeigen, wie lebendig, kreativ und eben auch ungewöhnlich-absurd die Ideen sein dürfen und sogar sein sollen.

Die praktische Anwendung ist entscheidend

Gedächtnistraining als Selbstzweck ist ungefähr genausowenig sinnvoll, wie das Gesamtwerk von Goethe auswendig zu lernen.

Erst wenn das Gelernte sinnvoll eingesetzt und ausgewertet wird – wenn Sie also die Goethe-Gedichte bei einem Rezitationsabend zum besten geben oder Ihr gutes Gedächtnis dazu benutzen, Ihrem Chef lebendig und eindrucksvoll die neusten Umsatzzahlen zu präsentieren –, erst dann beweist das Gelernte seinen eigentlichen Wert.

Langfristig von größter Bedeutung und effektivstem Nutzen ist also weniger das gute Gedächtnis an sich als vielmehr die Fähigkeit, lebendige Visualisierungen zu schaffen und diese auf verschiedenen Gebieten nutzbringend einzusetzen. Das ist Intelligenz.

Und genau das wollen wir in diesem Buch zeigen, nämlich wie Sie Ihr phänomenales Gedächtnis mit möglichst vielen anderen geistigen Eigenschaften und Lebensbereichen sinnvoll und effektiv kombinieren können, so daß Sie letztendlich wirklich vom Gedächtnis zur Intelligenz gelangen.

Es gibt unzählige Fähigkeiten und Lebensbereiche, mit denen Sie Ihr trainiertes Gedächtnis im Alltag verknüpfen können. Zum Beispiel:

❏ Konzentration	❏ Mitarbeiterführung
❏ Zeitplanung	❏ Urteilsfähigkeit
❏ Kreativität	❏ Energie
❏ Problemlösungs-	❏ Wissen
denken	❏ Tatkraft
❏ Erfahrung	❏ Geduld
❏ Motivation	❏ Neugierde
anderer und	❏ Flexibilität
Selbstmotivation	❏ Überblicksdenken

Streichen Sie bitte alle Punkte an, die Sie bei sich stärker entfalten wollen, und konzentrieren Sie sich während der nächsten Wochen darauf!

Sie werden beim Gedächtnistraining durch den verstärkten Einsatz von Phantasie, Intuition und Kreativität automatisch Ihr Bilderdenken intensivieren. So stärken Sie gleichzeitig Ihre Motivation und Ihr Selbstbewußtsein: Ziele lassen sich leichter erreichen, wenn man sich ihre Verwirklichung konkret und bildhaft vorstellt. Erst dann kann Gedächtnistraining die ihm innewohnenden Möglichkeiten entfalten!

Linke Gehirnhälfte

Das

Verstand
rationales, logisches Denken
Sprache
Denken in Worten

Bewußtsein

Lösungsfindung
durch Analyse

Blick für das Detail

Arbeitet sukzessiv,
Schritt für Schritt,
kann die Dinge
nur nacheinander
wahrnehmen

Abstraktion

Bei Erwachsenen
meist bevorzugt

Wird in Schule und Beruf
überfordert
Einseitigkeit, Streß

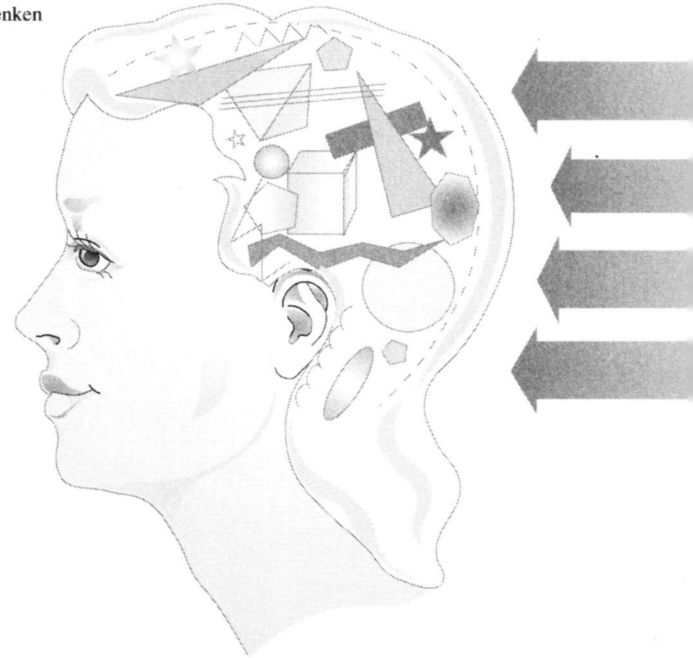

Gehirn

Rechte Gehirnhälfte

Phantasie, Gefühl,
Intuition, Kreativität

Denken in Bildern
und sinnlichen
Wahrnehmungen

Unbewußtes

Lösungsfindung
durch Synthese, Analogien,
Ganzheitsschau
Blick für das Ganze

Arbeitet simultan,
kann mehrere Dinge
gleichzeitig wahrnehmen

Räumliche Wahrnehmung
und Orientierung, Koordination von
Bewegungsabläufen

Im Kindesalter bevorzugt

Wurde bisher vernachlässigt;
muß neu entdeckt
und systematisch trainiert
werden

47

Wie unser Denken funktioniert

Woran liegt es eigentlich, daß wir uns Bilder besser einprägen können als abstrakte Begriffe und Zahlen?

Um diese Frage zu beantworten, wollen wir uns kurz die neuesten Trainingsergebnisse vor Augen halten. Wenn Sie über einen längeren Zeitraum Gedächtnistraining betreiben, werden Sie feststellen, daß **Aufmerksamkeit** eine Energieform ist!

Das ist der springende Punkt, über den Sie sich im klaren sein müssen, damit auch Sie im Gedächtnistraining die Superlative erreichen. Je länger und intensiver Sie sich auf ein vorgestelltes Bild konzentrieren, je motivierender das Bild für Sie ist, und je länger Sie es in Ihrer trainierten Vorstellungskraft halten können, um so mehr werden Sie feststellen, daß das Bild »lebt«. Gerade bei sehr motivierenden, sehr persönlichen und gefühlsgeladenen Bildern werden Sie spüren, daß Sie eine reale Energieform »anzapfen«.

Das ist der erste Schritt für Sie, um bald mit Leichtigkeit die Kunst der Gedächtnisakrobatik zu meistern. Es ist sozusagen Ihr erster Sprung auf eine höhere energetische Bewußtseinsebene, Ihre ganz persönliche Chance, um an die Wurzeln des Mentaltrainings zu gelangen, wie es auch Skifahrer und andere Sportler einsetzen.

Wenn Sie ein vorgestelltes Zielbild zwei Minuten lang konzentriert in Ihrem Bewußtsein halten können, kommen Sie zu diesen »Wurzeln allen Mentaltrainings«. Das ist dann kein eigentliches Gedächtnistraining mehr, das ist eher eine Art Bewußtseinserweiterung – eine neue, bisher unentdeckte Schicht mentaler Energie. Die Vorstellungskraft steigt hier in mystische Ebenen und höhere meditative Bewußtseinszustände auf. Irgendwann wird dann bei genügend Ausdauer im Üben das Mentaltraining ganz von selbst zur Magie. Sie werden David Copperfield weit hinter sich lassen und zu einem inneren Paracelsus, Hermes oder Merlin werden. Energetisieren Sie Ihre Vorstellungsbilder, lenken Sie Ihre Phantasie bewußter. Bewußtwerdung ist alles!

Gedächtnistraining ist nur der Anfang der Selbstentdeckung Ihrer wahren Fähigkeiten, Ihres innersten Bewußtseins. Heben Sie dieses Bewußtsein und die darin enthaltenen und entstehenden Bilder ruhig auf eine feinere Ebene empor. Lernen Sie richtig zu träumen und zu meditieren.

Konzentration wird zur Trance. Vergessen Sie Ihr Körperbewußtsein – Loslassen und Entspannen sind angesagt. Dann geht Konzentration unmerklich in Meditation über. Jetzt haben Sie sich den Zustand zurückerobert, in dem sich Kinder beim Memory-Spiel befinden – Gedächtnistraining wird zum Kinderspiel. Das Lernen wird Ihnen von nun an immer leichter fallen.

Die moderne Gehirnforschung hat herausgefunden, daß sich in der linken Hirnhälfte abstrakte und verbale Fähigkeiten ausdrücken: Sprache und Vernunft, logisches Denken und Abstraktionen. Die rechte Hemisphäre dagegen beherbergt die Intuition, das Schöpferische, die Kreativität. Hier werden Bilder und sinnliche Wahrnehmungen verarbeitet, Ähnlichkeiten festgestellt und emotionale Verhaltensweisen gesteuert.

Allerdings besteht zwischen diesen beiden Hemisphären ein reger »Gedankenaustausch«: Wenn Sie beispielsweise eine Zeichnung anfertigen, achtet die linke Hemisphäre des Gehirns auf die Einzelheiten, die rechte Hemisphäre dagegen kümmert sich um das allgemeine Formempfinden. In der linken Gehirnhälfte ist das Wort »Apfel« abgespeichert, die rechte steuert das Bild, den Geruch und den Geschmack zu der Vorstellung bei. Die linke Hemisphäre wiederum ordnet dann den Apfel unter den Oberbegriff »Obst« ein.

Unsere Intuition
sitzt in der rechten Gehirnhälfte

Die rechte Gehirnhälfte ist zuständig für emotionales, manchmal auch irrationales »Denken«, für Träume und Phantasien, für Ähnlichkeiten, räumliche Orientierung und motorische Abläufe. Diese Gehirnhälfte erfaßt viele verschiedene Eindrücke gleichzeitig: Bilder, Bewegungen, Gerüche und alle Arten von Empfindungen. Die linke Hemisphäre dagegen arbeitet und registriert rational und logisch; sie analysiert, abstrahiert und erklärt.

Diese Vorgänge sind uns im allgemeinen viel bewußter als die Abläufe in unserer rechten Hemisphäre.

Letztere lassen sich eben nicht erklären und werden daher oft als bloße Ahnung oder Laune empfunden. So kann es zum Beispiel passieren, daß wir uns in einer Situation befinden, die unser Verstand positiv beurteilt – und doch haben wir ein ungutes Gefühl dabei: Unsere rechte Gehirnhälfte fühlt sich verunsichert, weil sie auf ganz andere Dinge reagiert als der logische Teil unseres Gehirns. Als Sitz unserer Intuition »spürt« sie vielleicht einfach, daß bei der Sache irgend etwas nicht stimmt. So entstehen innere Widersprüche, die wir uns oft gar nicht erklären können.

Im allgemeinen aber arbeiten die beiden Hemisphären gut zusammen: Die Arbeit wird geteilt und von der Gehirnhälfte übernommen, die jeweils darauf spezialisiert ist. Bei besonders begabten Menschen ist diese Arbeitsteilung sehr gut entwickelt; doch bei vielen Leuten könnte sie besser sein.

Dadurch, daß wir uns in unserer heutigen technisch orientierten Welt zu stark auf die linke Gehirnhälfte verlassen, kommt die rechte oft zu kurz: Wissenschaften, Technologien, die Entwicklungen des Computerzeitalters, neue Formen der multimedialen Kommunikation und die ganzen Errungenschaften unserer heutigen Zivilisation sind im wesentlichen den Fähigkeiten der linken Gehirnhälfte zu verdanken. Deshalb werden die Eigenschaften der rechten Hemisphäre weniger geschätzt und entsprechend weniger gefördert. Denken Sie nur einmal an den ganz normalen Schulunterricht: Fächer wie Musik, Zeichnen oder Sport sind von der verfügbaren Zeit her deutlich im Nachteil gegenüber den »intellektuellen« Fächern, die sich mit logischen Aufgaben (Mathematik oder Sprachen) beschäftigen.

Kleine Kinder denken noch viel stärker in Bildern; die kindliche Phantasie ist unschlagbar. Deshalb ist es auch verständlich, daß Kinder beim Memory-Spielen immer gewinnen: Sie überlegen nicht so sehr logisch-formal, sondern sie erfassen das Spiel ganzheitlich, in bildhaftem Denken. Erst im Schulalter wird das Lernen immer stärker betont, bis es schließlich die intuitiven Fähigkeiten der rechten Hemisphäre mehr und mehr in den Hintergrund drängt.

So wird im Kindesalter die Ausgewogenheit der beiden Bereiche langsam, aber sicher zerstört; die linke Hemisphäre wird viel stärker gefordert und gefördert, die rechte kommt zu kurz. Dieses Ungleichgewicht kann schnell zu Streß und Unlust führen; Unbefangenheit, Lerneifer und kindliche Neugier gehen verloren und müssen später durch ausgeklügelte Motivationsstrategien mühsam wieder geweckt werden. Außerdem ist die rechte Gehirnhälfte jetzt schlicht unterfordert: Der Mensch traut ihr im Laufe der Zeit nichts mehr zu und benutzt sie entsprechend wenig. Auch Situationen, in denen emotionale oder intuitive Reak-

tionen angebracht wären, werden mit Logik und Vernunft bewältigt; wo Phantasie und Kreativität gefragt sind, wird rationales Erfahrungswissen eingebracht; und dann wundert man sich, wenn sich nicht die gewünschten Ergebnisse einstellen.

Das Genie nutzt beide Gehirnhälften gleichermaßen

Wer nun beide Hemisphären miteinander in Einklang bringen und gleichmäßigharmonisch nutzen kann, der hat die besten Voraussetzungen dafür, seine Intelligenz und Genialität optimal zu fördern. Alle wirklich großen Geister konnten Bewußtes und Unbewußtes, Vernunft und Gefühle, Rationalität und Intuition, sprachliche Fähigkeiten und Bilderdenken gleichermaßen in ihr Leben integrieren und je nach Situation nutzbringend anwenden. So kam zum Beispiel der berühmte Mathematiker Archimedes auf die Idee, wie er den Rauminhalt einer Münze bestimmen konnte, als er beim Baden erkannte, daß der Rauminhalt des verdrängten Wassers gleich dem Rauminhalt des verdrängenden Körpers sein muß. Durch Berechnungen und logische Gedankengänge hatte er dieses Problem nicht gelöst. Aber durch Phantasie und bildhaftes Denken hatte die rechte Gehirnhälfte sofort eine Ähnlichkeit entdeckt und die Gesetzmäßigkeit auf die zu lösende Aufgabe übertragen.

Wer also mit der rechten Gehirnhälfte denkt, ist in der Lage, Zusammenhänge zwischen Dingen zu entdecken, die auf

Anhieb gar nichts miteinander zu tun haben. Er kann Parallelen finden, mit Vergleichen spielen und auf diese Art und Weise Erkenntnisse, die er irgendwo gewonnen hat, auf anderen Gebieten anwenden und ausprobieren.

Bildhaftes Denken kann man erlernen!

Solch ein phantastisches bildhaftes Vorstellungsvermögen besaß zum Beispiel der Physiker Nikola Tesla. Er hatte ein geradezu fotografisches Vorstellungsvermögen. Selbst Maschinen, die es noch gar nicht gab, sah er vor seinem inneren Auge in allen Einzelheiten. Er brauchte keine Bilder oder Skizzen, keine Modelle oder Experimente. Er schuf und erprobte alles in seiner immensen Vorstellungskraft.

Und das Faszinierende daran ist, daß diese immense Phantasie, diese unendliche Vorstellungskraft durch jahrelanges Training aufgebaut wurde! Nikola Teslas Mutter hatte sein bildhaftes Denkvermögen von frühester Kindheit an systematisch geschult. Bilderdenken ist also offensichtlich lernbar! Wahrscheinlich gäbe es viel mehr Erfinder, Künstler und Genies, wenn unsere schulische Ausbildung nicht so einseitig »linkshirnig« ausgerichtet wäre.

Zurück zum Gedächtnistraining: Was für Konsequenzen hat die Aufgabenteilung zwischen den beiden Hemisphären für unsere Merkfähigkeit? Ein kleines Beispiel soll es Ihnen erläutern:

Sie hören im Radio die Beschreibung eines mutmaßlichen Bankräubers. Der Täter ist blond, hat kurzes, aus der Stirn zurückgekämmtes Haar, auffallend schmale Lippen, graugrüne Augen und eine Narbe unter dem linken Auge. Diese Beschreibung werden Sie sicherlich schnell wieder vergessen, wenn Sie sich die fünf Merkmale überhaupt alle einprägen. Denn das Schwierige dabei ist, daß Sie diese Kennzeichen nacheinander in der linken Hemisphäre abspeichern müssen. Wenn Sie dagegen im Fernsehen ein Phantombild des Bankräubers sehen, werden alle Eindrücke bildhaft und vor allem gleichzeitig vom Gedächtnis aufgenommen (und in der rechten Gehirnhälfte abgelegt). Sie speichern nur ein Bild statt vieler Worte.

Das bedeutet für uns, daß wir mit unsren Bildsymbolen genau richtig liegen: Je bildhafter und anschaulicher Sie sich all das vorstellen, was Sie sich merken möchten, um so leichter und spielerischer werden Sie es sich auch einprägen. Durch verstärkten Einsatz Ihrer rechten Gehirnhälfte trainieren Sie Ihr Gedächtnis, und gleichzeitig leisten Sie einen Beitrag zur Wiederherstellung des Gleichgewichts zwischen den beiden Hemisphären. Es ist erwiesen, daß ein gleichmäßig gefordertes Gehirn zu innerer Ausgeglichenheit, Wohlbefinden und Zufriedenheit führt. Sie werden Ihre Kreativität verbessern, mit Problemen leichter zurechtkommen und durch das Bilderdenken auch Ihrer Intuituon wieder zu deutlich mehr Durchsetzungsvermögen verhelfen.

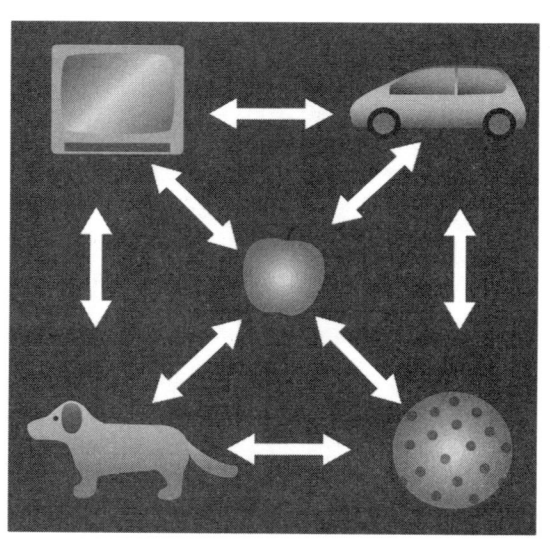

2

Die Verknüpfungs-
varianten

Nach all diesen theoretischen Gedankengängen wollen wir uns nun schnell wieder der Praxis zuwenden: In diesem Kapitel bieten wir Ihnen verschiedene Varianten von Verknüpfungstechniken an, so daß Sie sich dann diejenige aussuchen können, die Ihnen am ehesten zusagt. Versuchen Sie alle Übungen und Möglichkeiten in der Praxis nachzuvollziehen; so gewinnen Sie den besten Eindruck davon, welche Methode zu Ihnen paßt und welche nicht.

Gehen Sie von Bekanntem aus!

Wenn man sich etwas merken will, geht man am besten von Dingen aus, die einem schon bekannt und vertraut sind, und knüpft dann das Neue, Unbekannte daran an. Die Ergebnisse der modernen Gehirnforschung haben gezeigt, daß wir uns auf diese Weise am leichtesten etwas einprägen.

Übung 7: Der Weg

Stellen Sie sich einen Weg vor, der Ihnen sehr vertraut ist, zum Beispiel den Weg zum Haus Ihres Freundes oder Nachbarn. Dann markieren Sie im Geiste an diesem Weg verschiedene Punkte und merken sie sich gut:

Ihr eigener Hausflur	
die Eingangstür	
die zwei Treppenstufen vor der Tür	
der Ginsterbusch	
die Mülltonne	
der Fahrradweg vor dem Haus	
der Briefkasten	
die Bushaltestelle	

Schreiben Sie die Liste fort, bis Sie etwa 20 Markierungspunkte haben. Und nun schreiben Sie die Begriffe der Liste von Seite 35 daneben:

Waschpulver, Tomaten, Schuhbänder ...

Na, wissen Sie noch, wie's weitergeht? Wenn Sie oben konzentriert mitgearbeitet haben, dann haben Sie ja jetzt schon ein schönes Erfolgserlebnis!

Jedenfalls sollen Sie nun die Gegenstände der Einkaufsliste an Ihrem Weg entlang verteilen, und zwar genau auf den Markierungspunkten. Das könnte dann folgendermaßen aussehen:

Als Sie aus der Wohnung kommen, ist Ihr **Hausflur** total weiß: Eine Packung **Waschpulver** ist aufgeplatzt. Im Kontrast dazu ist die **Haustür** rot verschmiert: Kinder haben sie offensichtlich als Zielscheibe für **Tomaten** benutzt. Auf den **zwei Treppenstufen** sind Sie besonders vorsichtig: Letzte Woche hatte jemand dort **Schuhbänder** gespannt, und Sie wären beinahe darüber gefallen. Der **Ginsterbusch** duftet betörend – aber seltsamerweise ganz intensiv nach **Kaffee**! Die **Mülltonne** quillt wieder mal über, und obenauf liegen drei Schachteln vom **Pizza**-Schnellservice... Auf dem **Fahrradweg** haben Kinder mit **Schokoladenkeksen** einen Geschicklichkeitsparcours ausgelegt – für Fußgänger! Vorsichtig laufen Sie durch.

So, jetzt sind Sie wieder an der Reihe. Verknüpfen Sie weiter, bis Sie die ersten fünfzehn Markierungspunkte Ihres Weges belegt haben.

Dann gehen Sie in Gedanken den Weg entlang. Sie können den Weg natürlich auch in der Wirklichkeit entlangmarschieren.

Dabei rufen Sie sich Ihre Einkaufsposten ins Gedächtnis zurück.

Wenn Sie auf Anhieb alle fünfzehn Posten in der richtigen Reihenfolge wiedergeben konnten, haben Sie schon einen großen Schritt vorwärts getan!

Wenn das geklappt hat, machen wir die Aufgabe ein klein wenig schwieriger:

Gehen Sie den Weg einmal rückwärts, und rufen Sie die Gegenstände auch rückwärts wieder ab! Wenn Ihre Verknüpfungen konzentriert und bildhaft-lebendig waren, dürfte das kein Problem für Sie sein.

Diese Übung sollten Sie nun im Alltagsleben regelmäßig wiederholen.

Natürlich können Sie sie nach Ihrem eigenen Geschmack verändern: Rufen Sie die einzelnen Posten vorwärts oder rückwärts ab, merken Sie sich an Ihren Wegstationen Einkaufsartikel oder wichtige Erledigungen.

Das Entscheidende ist wie immer, daß Ihre Verknüpfungen lebhaft sind, bunt, einprägsam, absurd, außergewöhnlich: So bleiben sie am besten haften!

Übung 8: Jetzt wird es schon etwas schwieriger

Und nun gehen wir noch einen Schritt weiter: Wir ersetzen manche der Gegenstände durch andere, und zwar

Tomaten	durch	Chips
Pizza	durch	Kugelschreiber
Kekse	durch	Taschentücher
Eier	durch	Papier

Nun verknüpfen Sie so sorgfältig wie möglich die neue Begriffsreihe mit den vorher festgelegten Markierungspunkten auf Ihrem vertrauten Weg. Jetzt heißt es aufpassen: Können Sie die alte und die neue Reihe voneinander trennen? Oder gerät Ihnen alles wild durcheinander? Dann sollten Sie die alte und die neue Einkaufsliste noch einmal gründlich abspeichern, jede für sich.

Übung 9: Das Zimmer

Eine Kandidatin, die bei Rudi Carrells Sendung *Am laufenden Band* besonders erfolgreich war, wurde hinterher gefragt, wie sie das denn gemacht habe, sich alle Gegenstände bis auf zwei zu merken. »Kein Problem«, gab sie zur Antwort, »ich habe mir einfach vorgestellt, ich richte meine Wohnung mit den Sachen ein. Und als ich in Gedanken später wieder durch die Zimmer ging, da war einfach alles noch da.«

Mit dieser Strategie wollen wir uns in der jetzigen Übung genauer beschäftigen.

Nehmen wir uns die Fließbandliste von Seite 21 noch einmal vor – Sie erinnern sich?

Waschmaschine	**Fahrrad**
Toaster	**Schwimmflossen**
Rasenmäher	**CD-Player**
Fernseher	

Bitte ergänzen Sie diese Liste!

....

....

....

....

....

....

....

Und nun stellen Sie sich vor, Sie betreten eine leere Wohnung und müssen diese Gegenstände nacheinander unterbringen.

- Die **Waschmaschine** stellen Sie in den Flur, dann können die Kinder, wenn sie abends vom Spielen kommen, gleich ihre schmutzige Kleidung hineinwerfen.

- Den **Toaster** plazieren Sie obenauf, so kann sich jeder als erstes ein Brot machen.

- Der **Rasenmäher** wird erst einmal an die Decke gehängt, dann ist er vorerst aus dem Weg.

- Im Wohnzimmer stellen Sie gleich den **Fernseher** auf; Ihr **Fahrrad** bocken Sie hoch und bauen es zum Trimmgerät um, so werden Sie beim vielen Fernsehen wenigstens nicht dick... und so weiter.

Gehen Sie nun selbst weiter durch Ihre Wohnung, und richten Sie sie mit den vorgegebenen Gegenständen gemütlich ein.

Und dann spazieren Sie einfach nochmals durch Ihre Wohnung und überprüfen, ob noch alles da ist.

Übung 10: Das Hotelzimmer

Eine weitere Übungsvariante zum Thema Zimmer ist die folgende: Sie betreten ein Hotelzimmer und suchen sich, so wie vorhin auf dem Weg, verschiedene Plätze als Verankerungspunkte für die zu speichernden Gegenstände aus:

Gleich neben der Tür hängt links eine **Stange mit Kleiderbügeln** (1), daneben steht ein **Bügelgerät** (2), dann ein kleiner **Tisch** (3) mit **Minibar** (4) und ein **Schrank** (5). An der angrenzenden Wand steht ein **Sofa** (6), darüber ist das **Fensterbrett** (7), in der Ecke ein kleines **Nachtkästchen** (8) und daneben das **Bett** (9). An der Wand hängen noch eine **Leselampe** (10) und ein **Spiegel** (11). Wenn Sie noch mehr Speicherplätze benötigen, müssen Sie das Badezimmer dazunehmen: **Handtuchhalter, Waschbecken, Ablage, Duschkabine** und so weiter. Finden Sie selbst noch mindestens zehn weitere Verankerungspunkte im Badezimmer!

Als nächstes stellen Sie Ihre ganz persönliche Einkaufsliste für das kommende Wochenende auf (wenn Ihnen wohler dabei ist, schreiben Sie sie ruhig auf ein Stück Papier!), und speichern Sie alles mit Hilfe von Verknüpfungen in Ihrem »Hotelzimmer« ab.

Es ist im Grunde egal, ob Sie Ihren Gegenstand auf, in oder neben dem Verankerungspunkt plazieren – wichtig ist, daß Sie den Bezug klar und deutlich vor Ihrem inneren Auge sehen und im Gedächtnis behalten.

Tja, und dann machen Sie die Probe aufs Exempel und gehen ohne den Einkaufszettel in den Laden! Selbst wenn Sie das Allerwichtigste vergessen sollten: Das passiert Ihnen nur einmal; denn beim nächstenmal werden Sie dann um so gründlicher verknüpfen und genauer abspeichern!

Übung 11: Das Bild

Diese Übung müssen Sie weitgehend allein machen. Wir können Ihnen nur ein paar ganz allgemeine Tips dafür geben – wir kennen Ihr Lieblingsbild ja nicht.

Es geht darum, daß Sie sich Ihr Lieblingsbild vorstellen und auf diesem Bild wiederum Verknüpfungspunkte festlegen. Das kann ein Gemälde sein, das an Ihrer Wand hängt, ein Lieblingsfoto, vielleicht sogar die Aussicht aus Ihrem Wohnzimmerfenster.

Das Prinzip ist wieder dasselbe: Sie gehen mit den Augen in Ihrem Bild spazieren, von oben nach unten, von rechts nach links oder so, wie es Ihnen am angenehmsten ist. Suchen Sie sich bestimmte Punkte darin aus, und merken Sie sich diese Punkte. (Dazu brauchen Sie sich jetzt nichts mehr aufzunotieren – Sie können es schon im Kopf.)

Dann überlegen Sie einmal, was Sie heute oder in den nächsten Tagen alles im Haushalt noch machen sollten: Bügeln beispielsweise oder Fenster putzen, Gefriertruhe abtauen, Treppe und Hausflur wischen, Schuhe putzen und so weiter (etwa 15 Erledigungen).

Nehmen Sie diese Liste; verknüpfen Sie jeweils eine Erledigung mit einem Bildpunkt, und speichern Sie diese Paare ab. Wenn Sie dann später das Bild betrachten, fallen Ihnen all die Dinge wieder ein, die Sie dringend erledigen sollten.

Ich habe mir zum Beispiel folgendes zur Gewohnheit gemacht:

Jeden Morgen merke ich mir, was für den jeweiligen Tag am wichtigsten ist und was ich auf keinen Fall vergessen darf. Ich habe im Flur eire schöne, einfache Zeichnung von einem Friesenhaus hängen. Und jeden Tag suche ich mir auf dieser Zeichnung zwei oder drei Punkte aus, auf die ich dann in Gedanken die wichtigen Erledigungen »klebe«. An diesem Bild komme ich im Laufe des Tages einige Dutzend Male vorbei, und jedesmal fällt mein Blick darauf, weil es so zentral hängt – und weil ich es ja gerne ansehe. Dann denke ich automatisch an die »Aufträge«, die das Bild mir übermittelt. (Am nächsten Tag suche ich mir für die neuen Aufträge dann andere Punkte im Bild aus.)

Mit diesem Trick habe ich schon lange nichts Wichtiges mehr vergessen!

Übung 12: Ihr wichtigstes Ziel

An dieser Stelle wollen wir gleich noch einen Schritt weitergehen:

Stellen Sie sich ein wichtiges Ziel in Ihrem Leben vor. Visualisieren Sie es so intensiv, farbenfroh und lebendig, wie Sie nur können. Denn Sie sollen Ihre Aufmerksamkeit ja nicht nur auf die Banalitäten des Alltags richten, sonst werden Sie zum Sklaven von Nebensächlichkeiten. Suchen Sie statt dessen nach den großen, zentralen Ideen in Ihrem persönlichen Lebers(ab)lauf. Finden Sie Ähnlichkeiten im Schicksal von Vorbildern, und richten Sie Ihre visuelle Aufmerksamkeit darauf, wie Sie Ihren Beruf schrittweise zur Berufung gestalten!

Schreiben Sie Ihr Ziel auf der nächsten Seite nieder, und formulieren Sie es in möglichst anschaulichen, einprägsamen Bildern:

Lesen Sie diese Zielbeschreibung so oft wie möglich durch – Sie können sich die Seite auch kopieren und an Ihre Pinnwand heften oder an Ihren Spiegel kleben, vor dem Sie sich jeden Morgen die Zähne putzen. Und sehen Sie die Bilder Ihrer Zielvorstellung so oft wie möglich plastisch und lebendig vor sich – abends vor dem Einschlafen, wenn Sie morgens im Stau stehen oder einfach einmal Zeit und Lust zum Tagträumen haben. Sie werden sehen: Die bildhafte Vorstellung wird Sie motivieren und auf Ideen bringen, wie Sie Ihr Ziel leichter und schneller erreichen können!

Überlegen Sie sich Ihre eigene Verknüpfungsvariante!

Natürlich gibt es noch viel mehr Verknüpfungsmöglichkeiten als den Weg, das Zimmer oder das Bild. Sie können die Verankerungspunkte beispielsweise auch an Ihrem Körper oder Ihrer Kleidung festmachen. Anstelle des fremden Hotelzimmers können Sie Ihre eigene Wohnungseinrichtung benutzen, wenn Ihnen das leichter fällt, und Sie können auch einzelne Erledigungen oder wichtige Fakten wie imaginäre Comic strips nebeneinanderheften.

Unsere Vorgaben sollen lediglich eine Anregung für Sie sein, damit sie Ihre eigene Phantasie und Kreativität künftig fordern können und sich etwas Ähnliches auszudenken imstande sind.

Übung 13: Ihre eigene Variante

Überlegen Sie sich eine eigene Variante, die mit den in diesem Kapitel vorgestellten Ideen vergleichbar ist, und prägen Sie sich Ihre Verankerungspunkte genau ein.

Dann sehen Sie sich in Ruhe die nächsten Abendnachrichten an. Merken Sie sich dann einfach die Themen der wichtigsten Beiträge, und speichern Sie sie nach der neuen Variante ab. (Wenn Sie die Möglichkeit dazu haben, können Sie die Sendung ja aufzeichnen und bei einem anschließenden Durchgang dann kontrollieren, wie erfolgreich Sie waren!)

Gehen Sie mit all diesen Methoden aufmerksam um: Sie können nur dort erfolgreich sein, wo Sie auch voll und ganz dahinterstehen. Deshalb arbeiten Sie anfangs mit jeder Variante, doch sobald Sie merken, daß Sie eine davon bevorzugen und auch besser mit ihr zurechtkommen als mit den anderen, geben Sie ihr ruhig den Vorzug.

Wir werden im Laufe des Buches noch weitere und noch erfolgreichere Methoden vorstellen: Suchen Sie sich von allem das heraus, was zu Ihnen paßt – und bleiben Sie trotzdem flexibel und kreativ!

Was ist Intelligenz?

Was ist eigentlich von den gängigen Intelligenztests zu halten, wie sie bei Bewerbungen oder zur Bestimmung des Intelligenzquotienten durchgeführt werden? Einige Veröffentlichungen jüngeren Datums über Genialität werfen ein neues Licht auf die Bedeutung von Intelligenz: Demnach werden in den üblichen Intelligenztests Eigenschaften erfaßt beziehungsweise abgefragt, die bei wenig oder nur durchschnittlichen Begabten und bei Genies (!) nur in ganz geringem Maß vorhanden sind. In diesen Tests wird also das Spektrum der intelligenten, aber noch nicht »genialen« Zeitgenossen angesprochen. Für wahre Genies und geniale Wissenschaftler spielt die herkömmliche Intelligenz eine eher untergeordnete Rolle.

Das mag wohl daran liegen, daß es in solchen Tests, mit denen die Intelligenz gemessen und vergleichbar gemacht wird, hauptsächlich um Themen geht, die in den Bereich der linken Gehirnhälfte fallen: Kombinationsvermögen, das Erkennen von Gesetzmäßigkeiten oder Ähnlichkeiten, logische Schlußfolgerungen und so weiter. Bei genialen Menschen dagegen sind auch die ganzheitlichen Fähigkeiten der rechten Hemisphäre – Gefühle und Intuitionen – von oftmals entscheidender Bedeutung.

So hat Dean Keath von der Universität des Staates Kalifornien in einer breit angelegten Untersuchung über mehr als 2000 Forscher der letzten Jahrhunderte interessante Entdeckungen gemacht. Er hat verglichen, wie sich Intelligenz, Per-

sönlichkeit, Erziehung, Ausbildung und Produktivität in den jeweiligen Lebensläufen auswirkten, und ist dabei auf einige verblüffende Parallelen gestoßen:

- So gut wie alle genialen Wissenschaftler arbeiten hart und viel;

- und sie arbeiten ohne große Bedenken auch an Projekten mit schlechten Erfolgsaussichten.

- Sie gehen weder vorsichtig noch methodisch vor,

- sondern sie sind eher risikofreudig und verfolgen begeistert auch unlogisch erscheinende Ideen.

- In der Konsequenz schwimmen sie oft gegen den Strom und rufen heftige Kritik hervor.

- Sie produzieren viel, darunter auch einiges Wertlose und Falsche.

- Die Intelligenz spielt bei diesen Menschen eine untergeordnete Rolle,

- und auch ihr Fachwissen ist nicht überwältigend; meist verfügen sie gerade über ausreichendes Wissen.

- Dafür haben sie die Fähigkeit, Ideen zu entwickeln und miteinander zu verknüpfen.

- Dafür haben sie die Fähigkeit, Ideen zu entwickeln und miteinander zu verknüpfen.

68

■ Die allgemeine Erziehung und Ausbildung ist nicht maßgeblich,

■ und sie sind auch bereit, Rückschläge
in Kauf zu nehmen und ihre Idee
trotzdem weiterzuverfolgen.

Für außergewöhnliche Leistungen ist die rechte Gehirnhälfte zuständig

Hinter dieser Untersuchung steht die sta-
tistische Aussage, daß die Intelligenz,
wie wir sie verstehen, bei genialen Wis-
senschaftlern eine ziemlich untergeordnete Rolle spielt. Alle Ergebnisse weisen
darauf hin, daß es die Fähigkeiten der
rechten Hemisphäre sind, auf die es hier
ankommt. Noch ein Beispiel: Schach-
experten können sich ein Repertoire von
etwa 50 000 Spielsituationen (bildhaft)
merken und diese bei Bedarf sofort abrufen und nutzen – gute Vereinsspieler
bringen es etwa auf 1000 gespeicherte
Stellungen. Bei außergewöhnlichen geistigen Leistungen spielt also visuelles
Denken eine weit größere Rolle als die
logisch-konsequente Denkweise der linken Gehirnhälfte.

Nun können wir natürlich mit unserem
bildhaften Vorstellungsvermögen noch
einen Schritt weitergehen und folgern:
Es ist nicht das intelligente quantitative
Wissen, das hier zählt, sondern vielmehr
die rechtshirnig motivierte qualitative
Auswertung des Vorhandenen.

Wer über das Wissen eines kompletten
Computers verfügt, ist deshalb noch lange nicht intelligent; erst wenn er dieses
Wissen auch seinen Bedürfnissen entsprechend auswertet, hat er den entsprechenden Erfolg. Das bildhafte Denken
hilft auch hier weiter:

■ Mit seiner Hilfe treffen Sie die Unter-
scheidung zwischen Wichtig und Un-
wichtig;

■ Sie erkennen, wo sich Einsichten
übertragen lassen;

■ Sie versuchen, mit Hilfe neuer Ideen
und Verknüpfungen neue Erfahrungen zu machen und über die Ebene
des statischen »Nur-Wissens« hin-
auszuschauen.

Wo auf diese Art *mit wenig Information
viel Auswertung* erreicht wird, da liegt
das Einsatzgebiet der Intelligenz. Das
Prinzip eines Vorgangs wird aus der All-
tagssituation, in der es beobachtet wurde,
herausgelöst und auf andere Situationen
übertragen oder sogar in anderen Situationen wiedererkannt – das ist eine Aufgabe für Intelligenz und Phantasie. So
können Sie Ihre Vorstellungen beliebig
umgestalten, die Hindernisse in Denken
und Alltag mit Phantasie überwinden
und durch bildhaftes Vergleichen der
Phantasieprodukte Ihre Intelligenz noch
weiter ausbauen.

Frauen denken anders als Männer!

Der »kleine Unterschied« existiert auch, was die Gedächtnisleistung angeht: Neue Untersuchungen zeigen, daß es im Gehirn deutliche geschlechtsspezifische Unterschiede gibt; Frauen denken wirklich anders als Männer!

Mit Hilfe eines Positronen-Emissions-Tomographen (das ist ein Aufzeichnungsgerät für Strahlungswerte) kann der Stoffwechsel im Gehirn sichtbar gemacht werden: Glukose wird mit einem radioaktiven Stoff markiert, der unter Aussendung eines Positrons (das heißt eines positiv geladenen Elementarteilchens) zerfällt. Wenn das Positron mit den Elektronen des Körpergewebes zusammenstößt, wird es vernichtet; dabei entsteht radioaktive Strahlung. Da Zukker ein wichtiger Energielieferant für die Hirnzellen ist, läßt sich so durch die Strahlungswerte ein Aktivitätsmuster des Gehirns aufzeichnen.

In verschiedenen Versuchsreihen zeigten sich verblüffende Ergebnisse, mit deren Hilfe sich so manches Vorurteil (»Männer sind aggressiver, Frauen emotionaler«) wissenschaftlich untermauern (oder widerlegen!) läßt. Die neuen Technologien enthüllen ungeahnte geschlechtsspezifische Unterschiede im Denken und Fühlen.

Grundsätzlich ist dabei festzuhalten, daß die Hirne der beiden Geschlechter zwar unterschiedlich arbeiten, aber nicht besser oder schlechter. Männer- und Frauenhirne lösen bestimmte Aufgaben ähnlich, jedoch auf verschiedenen Wegen und in unterschiedlichen Gehirnregionen. Hier ein paar Beispiele:

■ Ruhephasen

Bei Männern sind auch in Ruhephasen in Teilen des Gehirns – und zwar im limbischen System – deutliche Aktivitäten erkennbar. Diese Hirnregion kontrolliert fundamentale Reaktionen wie Nahrungsaufnahme, Fortpflanzung, Wutausbrüche, Kampf und Flucht. Bei Frauen dagegen leuchten die Neuronen in der Großhirnrinde; sie kontrolliert höhere Funktionen, die der Zivilisation förderlich sind. So ließe sich erklären, daß Männer eher zu Aggressionen neigen als Frauen.

■ Sprachvermögen

Bei diesem Test sollten die Probanden »unsinnige« Wörter lesen und entscheiden, welche davon sich reimten.

Bei allen Männern leuchtete deutlich eine Region in der linken Hemisphäre auf, dem Sitz der Logik und Vernunft.

Bei mehr als der Hälfte der Frauen war darüber hinaus noch ein Areal in der rechten Hirnhälfte aktiv. »Vielleicht sind Frauen sprachbegabter, weil sie sich beim Reden der Gefühle (rechte Hälfte) ebenso bedienen wie der links angesie-

70

delten »Vernunft«, so das Nachrichten-magazin *Newsweek*.

Emotionen

Männer reagieren in der Tat gefühls-ärmer als Frauen. So fällt es ihnen besonders schwer, negative Empfindungen in der Mimik einer anderen Person abzulesen. Frauen dagegen leben gefühlsbetonter; sie erkennen schnell Traurigkeit und Depressionen bei ihren Mitmenschen. Interessant dabei ist, daß die PET-Messungen bei den Frauen dennoch die geringere Aktivität zeigen; demzufolge muß ein Männerhirn offensichtlich mehr dafür tun, Gefühle bei anderen zu erkennen und richtig einzustufen.

Depressionen

In einer Testreihe, in der die Probanden an erschütternde Ereignisse aus ihrem Leben zurückdenken sollten, wurde beobachtet, daß bei Männern wie bei Frauen ein Teil des limbischen Systems leuchtete – doch war die Region bei Frauen etwa achtmal größer. Das könnte erklären, warum Frauen im allgemeinen anfälliger für Depressionen sind als Männer.

»Weibliche Logik«

Beim Lösen einfacher Aufgaben schneiden Frauen besser ab; wenn es um schwierigere Textaufgaben geht, wo mathematische Logik gefordert ist, sind die Männer im Vorteil. Allerdings arbeitet das weibliche Gehirn effektiver: Bei

einer Gruppe von je 22 Studenten und Studentinnen, denen standardisierte Mathematikaufgaben vorgelegt wurden, verbrauchten die Gehirne der besten männlichen Kandidaten am meisten Energie. Die Studentinnen schnitten genauso gut ab wie die Männer – aber die Gehirnaktivitäten der besten waren kaum größer als die der schlechteren Kandidaten. Offenbar arbeiten die Gehirne der Frauen effektiver.

Doch trotz aller Forschungsarbeiten ist bis heute nicht geklärt, wie sich die anatomischen Unterschiede in den Gehirnen auf das Denken auswirken.

Geschlechtsspezifische Unterschiede sind vor allem im Hypothalamus zu finden, einer zentralen Schaltstelle des Gehirns, und im Corpus callosum, dem Verbindungsbalken zwischen den beiden Hemisphären. Letzterer ist bei Frauen um bis zu 23% dicker als bei Männern. Ob sich daraus schon folgern läßt, daß die Frauen eine bessere Verbindung zwischen rechter und linker Hemisphäre haben als die Männer und deshalb ganzheitlicher denken können, ist umstritten; ein dickeres Telefonkabel überträgt auch nur dann mehr Gespräche, wenn es mehr Drähte enthält. So bliebe nachzuweisen, daß das Corpus callosum in den weiblichen Gehirnen auch tatsächlich mehr Nervenbahnen beinhaltet.

Als Fazit bleibt: Es ist noch immer ein weites interessantes Feld für neue Forschungen und Entdeckungen, dieses »biologische Grenzland«.

3

Die Zahlensymbole

In diesem Kapitel werden Sie etwas ganz besonders Interessantes lernen: sich Zahlen einzuprägen. Selbst diese abstrakten, überhaupt nicht »gehirngerechten« Ungetüme lassen sich durch bildhafte Vorstellungen veranschaulichen – und dann sind sie plötzlich gar nicht mehr so schwer zu merken. Telefonnummern, Verkaufszahlen und technische Daten werden Ihnen schon nach ein paar Übungen zufliegen wie im Schlaf, und Sie werden künftig keine Notizzettel mehr brauchen. Außerdem lernen Sie, sich die wichtigsten Tagesnachrichten oder Fakten eines Zeitungsartikels einzuprägen und Dinge, die Sie sich merken möchten, in Sekundenschnelle abzuspeichern.

Warum Zahlen nicht auf Anhieb zu merken sind

Sicherlich haben viele von Ihnen beruflich oft mit Zahlen zu tun. Vielleicht müssen Sie sich technische Daten oder Verkaufszahlen merken, oder es geht darum, für einen Vortrag ein paar wichtige Jahreszahlen parat zu haben. Und nicht nur im Berufsleben, nein, auch in Alltagssituationen ist es oft sehr hilfreich, wenn man sich Zahlen merken kann: Wie wollen Sie zum Beispiel Ihren Wagen wiederfinden, wenn Sie nicht mehr wissen, daß Sie ihn auf dem Parkplatz Nummer 2743, Parkdeck C abgestellt haben? Und wie merken Sie sich die Geheimnummer für Ihren Geldautomaten bei der Bank?

Erfahrungsgemäß haben die meisten Menschen mit dem Einprägen von Zahlen allerdings noch viel mehr Schwierigkeiten als mit dem Merken von Erledigungen, Posten einer Einkaufsliste und sonstigen Begriffen. Das hat einen ganz einfachen Grund: Zahlen sind viel abstrakter, man kann sich nichts Konkretes, Bildhaftes darunter vorstellen, sondern es bleibt einem nichts anderes übrig, als sie stur auswendig zu lernen wie Vokabeln einer Fremdsprache ...

Falsch, ganz falsch!

Mit der Geisselhart-Methode lassen sich auch Zahlen ohne Probleme in bildhafte Symbole »übersetzen« und zu Assoziationsketten verknüpfen, wie Sie es im vorigen Kapitel mit den Einkaufslisten-Begriffen, Terminen und Erledigungen gelernt haben.

Wie das geht?

Lassen Sie sich überraschen ...

In der Schule haben Sie sich so manches gemerkt, indem Sie eine Eselsbrücke bildeten. Wir tun im Grunde das gleiche, nur nennen wir es anders; bei uns heißt die Methode »kreative bildhafte Verknüpfung«.

Nun wollen wir mit Hilfe der gleich folgenden Zahlensymbole noch einen Schritt weitergehen:

■ Sie merken sich zunächst die Bilder für die einzelnen Zahlen.

■ Dann können Sie den Bildern die Begriffe zuordnen, die Sie sich merken wollen.

■ Auf diese Weise sind die Begriffe schnell und einfach wieder abrufbar,

■ und Sie können sogar die Reihenfolge beliebig verändern, ohne daß Ihnen ein wichtiger Punkt verlorengeht!

Doch lassen Sie uns ganz langsam beginnen. Auf den nächsten beiden Seiten finden Sie die Symbole.

Mit etwas Phantasie sieht
die Kerze aus wie eine 1.

Der Schwanenhals ist gebogen wie eine 2.

Der Dreizack hat außer den drei
Zacken auch noch die Form
einer auf dem Rücken liegenden 3.

Das vierblättrige Kleeblatt
spricht für sich alleine.

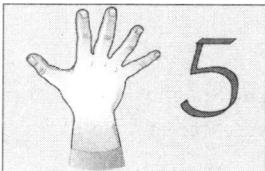

Die Hand steht mit
ihren fünf Fingern für die Zahl 5.

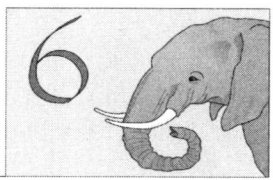

Im Elefantenrüssel erkennen Sie die Zahl 6.

Die Fahne sieht aus wie eine 7.

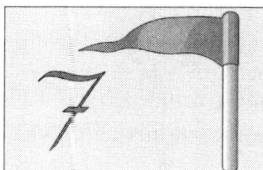

Die Eieruhr hat die Form einer 8.

Die Körperhaltung der Schlange
zeigt uns eine 9.

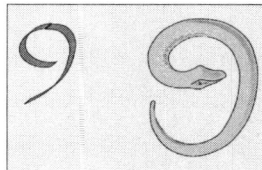

Golfschläger und Golfball stehen
für die 1 und die 0, also die 10.

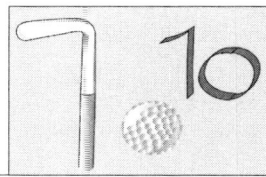

Die Spaghetti an der Gabel
beschreiben eine 11.

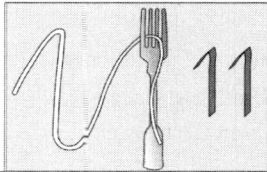

Der Wecker hat 12 Ziffern
und steht auf 12 Uhr.

Prägen Sie sich zunächst diese Zahlensymbole so gut ein, daß Sie sie vorwärts, rückwärts und in beliebiger Reihenfolge sofort parat haben. Das dürfte Ihnen nicht schwerfallen, denn die Symbole haben schon von ihrer Form her eine offensichtliche Verbindung zu »ihrer« Zahl.

Beispiel: Wie man mit den Zahlensymbolen arbeitet

Und nun zeigen wir Ihnen gleich die praktische Anwendbarkeit der Symbole anhand der Liste von Seite 29. Das waren die Begriffe, die Sie sich merken sollten:

1. Lampe
2. Freibad
3. Acker
4. Nilpferd
5. Lottoschein
6. Straßenbahn
7. Blumentopf
8. Liegestuhl
9. Polizist
10. Sportverein
11. Hammer
12. Fliege

Wir hören hier auf, weil wir für den Anfang »nur« mit 12 Symbolen arbeiten.

Nun unser Vorschlag für kreative bildhafte Verknüpfungen:

Sie laufen nachts mit einer **Kerze** (1) durch Ihr Haus, um nachzuschauen, ob alle **Lampen** ausgeschaltet sind.

Zweihundert **Schwäne** (2) tummeln sich im Schwimmbecken, deshalb ist das **Freibad** heute geschlossen.

Weil sein Pflug defekt ist, versucht der Bauer, seinen **Acker** mit einem **Dreizack** (3) umzugraben.

Mitten im **Kleefeld** (4) sitzt gemütlich ein dickes **Nilpferd** und kaut laut mampfend den süßen Klee.

Auf meine **Hand** (5) habe ich mir den **Lottoschein** geklebt, damit ich nicht vergesse, ihn abzugeben.

Ein großer **Elefant** (6) steht laut trompetend vor der **Straßenbahn** und blockiert die Weiterfahrt.

Die **Vereinsfahne** (7) Ihres Fußballvereins steckt in einem überdimensionalen **Blumentopf** vor dem Vereinsheim. Sie versuchen verzweifelt, Ihren aufklappbaren **Liegestuhl** aufzustellen;

Sie haben dafür nur acht Minuten Zeit, und die **Sanduhr** (8) läuft bereits!

Mitten auf der Kreuzung steht ein Polizist und regelt den Verkehr; von seinen Schultern hängen lauter **Schlangen** (9) herab, so daß man kaum noch seine Arme sehen kann.

Der lokale **Golf**club (10) hat alle **Sportvereine** am Ort zur Sommerparty eingeladen.

Die **Spaghetti** (11) sind noch nicht gar; deshalb schlägt der Kellner sie mit einem **Hammer** weich.

Auf dem Zifferblatt des **Weckers** (12) krabbelt eine **Fliege** herum und macht dabei ein surrendes Geräusch, das noch viel nervtötender ist als das Klingeln des Weckers.

**Sie haben sicher festgestellt,
daß wir die Anregungen von vorhin umsetzen,
indem wir**

→ lustige, originelle, zum Teil sogar unlogische Bilder kreieren (wer braucht schon eine Kerze, um festzustellen, ob alle Lampen ausgeschaltet sind?);

→ meist die erste spontane Assoziation benutzen, die uns einfällt (Fliege – Wecker);

→ einen Begriff in seiner Funktion durch einen anderen ersetzen (Egge – Dreizack);

→ unsere Bilder in Größe, Zahl, Menge oder Form übertreiben (200 Schwäne im Freibad);

→ Handlung, Bewegung und eigene Beteiligung in die Bilder integrieren (Sanduhr/Liegestuhl);

→ uns auch Geräusche, Geruch und Geschmack vorstellen (Nilpferd, Elefant).

All das hilft Ihnen, die Vorstellungsbilder intensiv, deutlich und so lebendig wie nur irgend möglich auf Ihre »innere Leinwand« zu projizieren.

Nun sind wir schon einen großen Schritt weiter, denn mit Hilfe eines kleinen Tricks haben wir inzwischen auch das – auf den ersten Blick schwierige – Problem »Zahlen« gemeistert.

In den folgenden Übungen können Sie testen, wie gut Sie die Zahlensymbole schon beherrschen!

Übung 14: Noch eine Einkaufsliste

Wir haben eine neue Einkaufsliste für Sie, die wir diesmal mit Hilfe der Zahlensymbole speichern.

1. ein Pfund Butter
2. ein Kilo Orangen
3. zwei Rollen Küchentücher
4. ein Vollkornbrot
5. eine Packung Nudeln
6. eine Schachtel Pralinen
7. vier Tüten Milch
8. zwei Köpfe Salat
9. ein Blumenkohl
10. ein Pfund Kartoffeln
11. eine Sellerieknolle
12. ein Kasten Limonade

Sie verknüpfen also die **Butter** mit der **Kerze**, die **Orangen** mit dem **Schwan,** und so weiter – Sie kennen ja die Symbole. Wir wünschen Ihnen viel Spaß bei Ihren eigenen lebendigen Bildverknüpfungen auf der nächsten Seite!

Wenn Sie alle Begriffe gut abgespeichert haben, lassen Sie ein wenig Zeit vergehen, und dann überprüfen Sie, ob Sie die jeweiligen Paare noch wissen:

1. ....

2. ....

3. ....

4. ....

5. ....

6. ....

7. ....

8. ....

9. ....

10. ....

11. ....

12. ....

Wenn Ihnen das gelungen ist, können Sie den Schwierigkeitsgrad ruhig schon ein wenig steigern. Versuchen Sie, sich an das passende Wort zu einer spontan gewählten Zahl zu erinnern; was gehörte zum Beispiel zur Nummer fünf? Das Symbol für fünf ist die **Hand,** Sie erinnern sich an Ihre bildhafte Verknüpfung

– und sofort fällt Ihnen auch der Begriff **Nudeln** wieder ein. Und welcher Begriff kam an achter Stelle? Acht – die **Eieruhr** – richtig: **zwei Salatköpfe.**

Spielen Sie ruhig ein wenig herum mit den Zahlen und Begriffen; je mehr Spaß Sie dabei haben, um so erfolgreicher werden Sie sein!

Übung 15: Und noch eine Erledigungsliste

Dasselbe versuchen Sie nun mit der Erledigungsliste von Seite 39: Speichern Sie die einzelnen Punkte zusammen mit den Zahlensymbolen ab, und schaffen Sie dabei lustige, eindrucksvolle und bewegte Bilder:

1. Morgen müssen Sie als erstes **Frühstücksbrötchen** holen,
2. dann bringen Sie Ihre **Kinder zur Schule,**
3. und Ihr **Auto** muß **zum Kundendienst.**
4. Im Büro **schauen** Sie schnell **die Post durch,**
5. und um zehn Uhr haben Sie eine **Mitarbeiterversammlung.**
6. Anschließend gehen Sie **mit einem Kollegen zum Mittagessen.**
7. Dann müssen Sie die **Rechnungen an Ihre Kunden schreiben**
8. und Ihren **Chef um eine Gehaltserhöhung bitten.**
9. Nach der Arbeit kaufen Sie noch **Hundefutter** ein
10. und holen auf der Post die neuen **Sonderbriefmarken.**
11. Sie **bestellen** auf dem Heimweg in Ihrem Lieblingsrestaurant **einen Tisch für kommenden Samstag,**
12. und zu guter Letzt **mähen** Sie vor dem Abendessen noch schnell **den Rasen.**

Nun, hat es mit den Verknüpfungen geklappt?

Dann versuchen Sie auf der nächsten Seite wieder, die Erledigungen erst einmal in der normalen Reihenfolge wiederzugeben:

1. ....

2. ....

3. ....

4. ....

5. ....

6. ....

7. ....

8. ....

9. ....

10. ....

11. ....

12. ....

Als nächstes rufen Sie sie zum Spaß im Kopf einmal rückwärts (also bei zwölf beginnend) ab.

Anschließend testen Sie, wie fest Ihre Verknüpfungen »sitzen«, indem Sie die Erledigungen in beliebiger Reihenfolge abfragen.

Zwischen Übung 15 und 16 können Sie eine Stunde Pause einlegen, denn Sie sollten die Zahlensymbole nicht zu oft unmittelbar hintereinander mit neuen Begriffen belegen.

Übung 16: Ihre wichtigsten Termine

Wenn Sie das geschafft haben, gehen wir jetzt weiter zur Terminplanung. Zeigen Sie Ihren Einfallsreichtum, und verbinden Sie Zahl und Termin:

1. Am Montag gehen Sie abends zur **Massage.**
2. Am Dienstag kommt ein wichtiger **Geschäftspartner** zu Ihnen ins Büro,
3. und Sie haben am Spätnachmittag einen Kontrolltermin beim **Zahnarzt.**
4. Außerdem ist noch **Elternabend im Kindergarten.**
5. Am Mittwoch ist die **Jahresversammlung der Außendienstmitarbeiter** in Ihrer Firma,
6. anschließend findet gleich die **monatliche Firmenbesprechung** statt.
7. Wenn Sie rechtzeitig zurückkommen, gehen Sie abends noch in den **Tanzkurs.**
8. Am Donnerstag wollen Sie **mit einem Kollegen** nach Feierabend **Golf spielen** gehen.
9. Am Freitag nehmen Sie **einen Tag Urlaub auf Gleitzeit.**
10. Abends läuft ein besonderer Film im **Kino,** den Sie schon lange einmal sehen wollten.
11. Am Samstag sind Sie mittags **bei Freunden zum Grillfest** eingeladen,
12. und am Sonntag sind Sie **bei den Schwiegereltern zum Mittagessen** angemeldet.

Und nun prüfen Sie Ihre originellen Verknüpfungen: erst vorwärts, dann rückwärts, dann in beliebiger Reihenfolge. Inzwischen ist das Ganze bestimmt schon ein Kinderspiel für Sie. Und je mehr Sie mit alltäglichen Kleinigkeiten (Einkaufslisten, Erledigungen und so weiter) üben, um so rascher und selbstverständlicher wird Ihnen diese Methode zur Gewohnheit werden.

Unser Lösungsvorschlag

Falls es mit dem originellen Verknüpfen doch noch nicht so gut geklappt haben sollte, wollen wir Ihnen als kleine Anregung nun auch unsere Vorschläge verraten. Anfangs dürfen Sie die Verknüpfungen gerne ganz ausführlich gestalten; später genügt es dann, wenn Sie das Bild kurz und blitzlichtartig erfassen.

Unsere Ideen zur Einkaufsliste:

1. *Kurzes Bild:* Die **Butter** darf nicht zu lange im Kofferraum liegenbleiben, sonst schmilzt sie wie eine brennende **Kerze** dahin. *Ausführliche Bildgestaltung für den Anfang:* Die Butter ist zu einem breiigen Teppich geschmolzen. Sie rollen den Butterteppich auf, legen eine Hanfschnur in die Mitte und zünden das Ganze dann als Kerze an.
2. *Kurzes Bild:* Auf dem Teich schwimmt ein **Schwan** mit einer großen **Orange** im Schnabel; der Saft tropft an beiden Seiten herunter und hinterläßt im Wasser eine orangefarbene Spur. *Ausführliche Bildgestaltung:* Der Saft hat das ganze Gefieder des Schwans orange gefärbt und die Flügel total verklebt; mühevoll muß sich der Schwan jetzt wieder putzen.
3. Die **Küchentücher** liegen im Laden im obersten Regal; um ein Paket herunterzubekommen, müssen Sie den **Dreizack** zu Hilfe nehmen.
4. Das **Vollkornbrot** ist nach einem neuen Bio-Rezept gebacken und trägt deshalb als Markenzeichen ein grünes **Kleeblatt.**
5. Sie kaufen die **Lieblingsnudeln** Ihres Sohnes, und dabei fällt Ihnen ein, wie er als kleines Kind die Nudeln immer mit den **Händen** in sich hineingestopft hat.
6. Die **Pralinen** sind ein Geschenk. Wenn Sie selbst zuviel naschen würden, könnte Ihre Figur in absehbarer Zeit an einen **Elefanten** erinnern.

7. Da in Ihrem Haushalt viel **Milch** verbraucht wird, kommt jedesmal, wenn die letzte Tüte angebrochen ist, eine rote **Fahne** außen auf die Kühlschranktür: »Dringend neue Milch kaufen!«

8. Die **Eieruhr** besteht aus zwei **Salatköpfen,** aus denen beim Waschen jede Menge Sand rieselt.

9. Beim Gemüseputzen haben Sie manchmal Angst davor, daß aus dem **Blumenkohl** kleine **Schlangen** hervorkriechen.

10. Kürzlich haben Sie beobachtet, wie die Nachbarskinder mit einem Stock und einem Eimer **Kartoffeln** im Garten **Golf** gespielt haben.

11. Das Lieblingsgemüse Ihrer Mutter war **Sellerie** – sogar zu **Spaghetti** mußten Sie immer einen Teller Sellerie essen.

12. Die **Uhr** hat zwölf Ziffern, im **Kasten Limonade** sind zwölf Flaschen.

Es kommt nicht darauf an, ob in der Bildergeschichte zuerst das Zahlensymbol erscheint oder der zu merkende Begriff; in unseren Vorschlägen kommen beide Varianten vor. Die Reihenfolge spielt keine große Rolle, wenn Sie die Begriffe und Bilder nur lebendig und intensiv genug verbinden.

Denken Sie einmal an den dritten Begriff auf Ihrer Liste, was war das doch gleich? Das Symbol für die Drei ist der **Dreizack** – und der wird benutzt, um die **Küchentücher** vom Regal zu holen. Sie sehen: Es ist gleichgültig, ob Sie Ihre Verknüpfung mit dem Zahlensymbol oder mit dem Begriff von der Einkaufsliste beginnen. Auch wenn Sie in Ihrer Geschichte mit den Küchentüchern angefangen haben und nicht mit dem Dreizack, sind die Wortpaare doch flexibel abrufbar.

Und nun unsere Ideen zur Erledigungsliste

1. Am frühen Morgen ist es noch so dunkel, daß beim **Bäcker** im Laden **Kerzen** stehen, damit die Kunden etwas sehen können.

2. Sie reiten mit Ihren Kindern auf einem überdimensionalen **Schwan** zur **Schule.** Die anderen Kinder staunen nicht schlecht, als sie das sehen.

3. Sie bringen Ihr Auto zur **Werkstatt,** und statt auf eine Hebebühne wird es auf vier **Dreizacke** hochgeständert.

4. Auf jeden erledigten **Brief** aus Ihrer Postmappe kleben Sie ein grünes **Klee**blatt (stellen Sie sich vor, wie die gummierte Rückseite des Kleeblatts schmeckt!).
5. Ihre **Mitarbeiter** begrüßen Sie einzeln per **Hand**schlag.
6. Damit Sie nicht zu spät zum **Essen** kommen, holen Sie und Ihr Kollege den firmeneigenen **Elefanten** aus der Garage und reiten zum Restaurant.
7. Die **Rechnungen** sind wichtig und müssen heute noch zur Post. Deshalb markieren Sie sie mit roten **Fähnchen.**
8. Der **Chef** hat wenig Zeit und stellt eine **Sanduhr** auf den Tisch, um die Gesprächsdauer zu begrenzen.
9. Das **Hundefutter** ist leider ausverkauft, doch die Verkäuferin empfiehlt Ihnen, statt dessen **Schlangen**futter zu kaufen, das sei genauso gut.
10. Auf der **Post** hängt ein Werbeplakat für eine neue innerörtliche Zustellungsmethode: Die Briefe werden in Zukunft ganz klein zusammengefaltet, in **Golfbälle** gesteckt und von treffsicheren Postbeamten direkt in die Briefkästen geschossen.
11. Am Samstag wollen Sie endlich einmal wieder **in Ihrem Lieblingsrestaurant essen;** da gibt es nämlich die besten **Spaghetti** der ganzen Stadt!
12. Beim **Rasenmähen** steht Ihr Sohn mit der Stopp**uhr** daneben und teilt Ihnen die Zeiten für die einzelnen Bahnen mit.

Mit solchen Verknüpfungen ist das gute Gedächtnis kein Problem mehr, nicht wahr?

Sie haben vielleicht auch festgestellt, daß der zu merkende Begriff mittlerweile gar nicht mehr explizit genannt werden muß: Es genügt die Assoziation mit dem Bild. Zum Beispiel war als Punkt elf »Tisch bestellen« aufgeführt; wir haben es aber als »essen gehen« abgespeichert. Auch für die »Sonderbriefmarken« genügt uns die Assoziation mit der »Post«, denn dann fällt uns ja automatisch wieder ein, was wir dort wollten.

Zu guter Letzt geben wir noch Anregungen zum Terminplan

1. Der **Masseur** behandelt Sie diesmal nicht mit den Händen, sondern rollt eine große, brennende **Kerze** über Ihren Rücken.

2. Ihr wichtiger **Geschäftspartner** kommt majestätisch angeflogen: auf einem großen weißen **Schwan.**

3. Der **Zahnarzt** hat alle seine Geräte in die Reinigung gegeben, deshalb untersucht er Sie mit einem **Dreizack,** auf den vorne ein kleiner Spiegel geklebt ist.

4. Am Eingang des **Kindergartens** erhält jeder Besucher ein **Kleeblatt** mit einer Zahl darauf: Die Sitzplätze sind nämlich numeriert wie im Theater.

5. Bei der **Jahresversammlung** melden Sie sich alle 5 Minuten zu Wort, indem Sie die **Hand** heben und wild gestikulieren.

6. Bei der anschließenden **Besprechung** wird als erstes beschlossen, zur Lockerung der steifen Gliedmaßen einen Spaziergang in den nahegelegenen Zoo zu unternehmen und die wichtigsten Themen im **Elefantenhaus** zu erörtern, denn da ist am meisten Platz.

7. Als Sie nach Hause kommen, sehen Sie schon von weitem eine rote **Fahne** auf dem Dach: Es ist höchste Zeit, sonst kommen Sie zu spät in den **Tanzkurs!**

8. Am nächsten Tag drehen Sie ständig die **Sanduhr** auf Ihrem Schreibtisch um: Wann ist endlich Feierabend, damit Sie mit dem Kollegen zum **Golfspielen** gehen können?

9. An Ihrem **freien Tag** müssen Sie dringend ein größeres Terrarium kaufen gehen; kürzlich sind Ihre **Schlangen** wieder einmal ausgerückt, haben es sich im Backofen gemütlich gemacht und Ihre Haushaltshilfe zu Tode erschreckt.

10. Ins **Kino** nehmen Sie zur Sicherheit Ihren **Golfschläger** mit: Man kann ja nie wissen, wer vor einem sitzt.

11. Ihre Freunde haben einen etwas eigenartigen Geschmack: Sie legen ungekochte **Spaghetti** auf den **Grill.**

12. Am Sonntag müssen Sie pünktlich sein: Bei den **Schwiegereltern** wird Schlag zwölf **Uhr** gegessen, und wer auch nur eine Minute später kommt, bekommt nichts und muß den anderen zusehen.

Übung 17: Das Computergehirn

Jetzt möchten wir Ihnen noch eine weitere Steigerung Ihres Könnens demonstrieren. Sie haben ja nun mit denselben Symbolen zum einen die Einkaufsliste, zum anderen die Erledigungsliste und schließlich noch die Termine verknüpft.

Wenn Sie sich jetzt ein beliebiges Symbol herausgreifen, können Sie sich dann noch an alle drei verschiedenen Zusammenhänge erinnern? Nehmen wir als Beispiel die Vier: Das Kleeblatt auf der Einkaufsliste war das Sträußchen beim Kaffee, die Erledigung bestand darin, die durchgesehene Post mit einem Kleeblatt zu markieren, und bei den Terminen ging es um den numerierten Sitzplatz im Kindergarten.

Verblüffend? Vielleicht, aber das können Sie jetzt auch: Gehen Sie die Symbole der Reihe nach durch, und suchen Sie jeweils alle drei verbundenen Begriffe.

1. ....

....

2. ....

....

3. ....

....

4. ....

....

5.

6.

7.

8.

9.

10.

11.

12.

Dann machen Sie dieselbe Übung »rückwärts«, und zu guter Letzt fragen Sie sich die Zahlen in beliebiger Reihenfolge ab. Mit dieser Übung haben Sie bereits eine wichtige Grundlage für eine phantastische Merkfähigkeit erarbeitet.

Bestseller, Zeitung und Urlaub

Wir wollen nun die Einsatzmöglichkeiten für Ihr »Super-Hirn« noch weiter ausweiten. Mit dem, was Sie jetzt lernen, haben Sie die Möglichkeit, Ihrer Umgebung immer wieder mit Ihrem phänomenalen Gedächtnis zu imponieren.

Übung 18: Die Bestsellerliste

Wir haben für den Anfang etwas improvisiert und eine Reihe von bekannten Büchern zusammengestellt, die Sie so natürlich in keiner offiziellen Bestsellerliste finden. Viel Spaß mit unserer »Leseempfehlung«:

1. Winnetou
2. Vom Winde verweht
3. Die Kraft positiven Denkens
4. Der Name der Rose
5. Ein Kampf um Rom
6. Die Teufelin
7. Nieten in Nadelstreifen
8. Die unendliche Geschichte
9. Ein fliehendes Pferd
10. Mit mir nie wieder!
11. Der Herr der Ringe
12. Krieg und Frieden

Wenn Sie sich mit Hilfe der zwölf Zahlensymbole an alle Titel erinnern können, dann nehmen Sie als nächstes eine Liste aus einer aktuellen Zeitschrift und versuchen es damit: Sie werden sehen, es ist längst nicht so schwer, wie es Ihnen vielleicht zuerst erscheinen mag.

Falls Sie den Eindruck haben, daß Sie die Zahlensymbole von 1 bis 12 zu oft belegen, so versuchen Sie einmal eine Variante:

Verknüpfen Sie die Buchtitel zur Abwechslung nicht mit den Zahlensymbolen, sondern mit den Punkten, die Sie sich zuletzt gemerkt haben, also zum Beispiel mit Ihren Terminen. Das hat den Vorteil, daß Sie anschließend 24 Punkte aufsagen können!

Und so könnte das aussehen: 1. Winnetou geht zur Massage. 2. Ihr Geschäftspartner steht im Wind und wird beinahe fortgeweht. 3. Ihr Zahnarzt liest Ihnen zur Ablenkung aus dem Buch »Die Kraft positiven Denkens« vor, und Sie finden, das paßt zu Ihrer Situation. 4. Und so weiter.

Übung 19: Was steht denn heute in der Zeitung?

Das gleiche Spiel können Sie nun mit Zeitungsmeldungen machen. Wenn Sie das nächste Mal die Tageszeitung lesen, merken Sie sich die wichtigsten Schlagzeilen. Damit haben Sie natürlich auch gleich den Inhalt der dazugehörigen Artikel im Kopf!

Zum Üben hier wieder zwölf improvisierte Meldungen aus der großen und der kleinen Welt:

1. **Aus Werkstatt wird Tanzlokal**
2. **Grüne kritisieren Polizeiaktion**
3. **Aprilwetter im Februar**
4. **Kohl in Paris eingetroffen**
5. **Parkplätze nur für Anwohner**
6. **Audi sichert Arbeitsplätze**
7. **Wilde Flucht mit Lastwagen**
8. **Graf bleibt in U-Haft**
9. **Die Welt als virtuelles Dorf**
10. **Koalition kürzt Arbeitslosenhilfe**
11. **Verdacht gegen Alt-OB erhärtet**
12. **Bundestag stimmt Tornado-Einsatz zu**

Wenn Sie die wichtigsten Meldungen des Tages schnell und sicher mit den Zahlensymbolen verbinden, wird es Ihnen nicht schwerfallen, von nun an immer auf dem laufenden zu bleiben. (Das geht natürlich nicht nur mit den Tagesnachrichten, sondern auch mit den wichtigsten Punkten eines Artikels aus einer Wirtschaftszeitschrift oder irgendeines anderen Fachartikels, den Sie sich einprägen möchten.)

Übung 20: Wo fahren Sie im nächsten Urlaub hin?

Unsere nächste Übung ist eine Argumentationskette. Sie wollen in den Pfingstferien in den Club ans Meer, Ihr Partner will lieber in ein Häuschen in den Bergen. Wir liefern Ihnen Ihre Argumente frei Haus; prägen Sie sich alle Punkte gut ein, und Sie werden ans Meer fahren können!

1. Im Ferienclub gibt es eine Kinderbetreuung, die Ihnen die lieben Kleinen auch mal für ein paar Stunden abnimmt.
2. Sie können in der Anlage ein Appartement mieten, so daß Sie sich zwischendurch selbst verpflegen können. Andererseits haben Sie aber auch die Möglichkeit, Halbpension zu buchen oder einzelne Mahlzeiten im Restaurant der Anlage einzunehmen.
3. Sauna und Solarium sind für Gäste der Anlage gratis.
4. Darüber hinaus wird ein vielseitiges Sportprogramm zu erschwinglichen Preisen angeboten: Reiten, Tauchen, Tennis, Squash und einiges mehr.
5. In einer Ferienanlage bekommt man schnell Kontakt zu anderen Urlaubern und kann so manches gemeinsam unternehmen; auch die Partner für sportliche Aktivitäten finden sich rasch.
6. Solange das Meer noch keine Badetemperatur hat, wird der Swimmingpool geheizt, so daß Sie auf jeden Fall schwimmen können.
7. Auch für die Kinder gibt es Badespaß und Schwimmkurse unter Aufsicht eines Bademeisters.
8. Zweimal pro Woche wird für die Urlauber ein bunter Abend mit Tanz und Unterhaltung geboten.
9. Der Preis umfaßt den Flug ab Stuttgart, Transfer zur Ferienanlage, vierzehn Tage Aufenthalt im Appartement für vier Personen, Kinderbetreuung und

Teilnahme am Gästeprogramm. Da Sie noch in der Vorsaison verreisen wollen, ist das Angebot um 15% billiger als in der Hauptsaison.

10. Ihre Koffer können Sie am Flughafen aufgeben; sie werden dann direkt bis ins Hotel befördert.

11. Gute Freunde haben Ihnen genau diese Ferienanlage als sehr erholsam empfohlen und wissen aus Erfahrung, daß die Veranstaltungen und geselligen Abende dort sehr nett sind.

12. Und nicht zu vergessen: An Pfingsten kann das Wetter in den Bergen dauerhaft schlecht sein – am Meer gehen Sie dieses Risiko nicht ein! Und in einer Ferienanlage lassen sich einzelne Regentage besonders für Kinder viel leichter überstehen.

Jetzt vergleichen Sie einmal, ob das Häuschen in den Bergen dieselben oder gleichwertige Vorteile hat – wahrscheinlich werden Sie sich mit Ihrer Argumentation durchsetzen, denn Sie können sich ja mit Hilfe der Symbole an alle Punkte erinnern!

Übung 21: Erfinden Sie Ihre eigene Argumentationskette!

Und nun überlegen Sie sich etwas, wovon Sie Ihre Partnerin/Ihren Partner, Ihren Chef oder irgend jemand anders schon lange überzeugen wollten, schreiben Sie Ihre Argumente numeriert auf, verknüpfen Sie sie mit den Zahlensymbolen, und üben Sie die Technik der Argumentationsketten im täglichen Leben. Sie werden über Ihre Überzeugungskraft erstaunt sein ...

3 Die Zahlensymbole

Der Tip für Fortgeschrittene: die Blitzlichttechnik

Wenn Sie sich abends die Fernsehnachrichten ansehen und versuchen, sich die einzelnen Meldungen zu merken, haben wir noch einen Extra-Tip für Sie parat: Verknüpfen Sie die Meldungen nicht mit Hilfe der Symbole, sondern werfen Sie das entsprechende Symbol beim zentralen Punkt der Meldung gedanklich in das Bild hinein. Es genügt schon, wenn Sie das dabei entstehende Bild eine Zehntelsekunde lang vor Ihrem geistigen Auge sehen.

Übung 22: Und nun zücken Sie Ihre Kamera!

Versuchen Sie es einmal mit den folgenden (fiktiven) Beiträgen:

1. Ein Staatsoberhaupt aus dem Königreich X ist zu Besuch in Bonn. Die geladenen Gäste stehen Spalier, und Sie stellen sich kurz vor, wie jeder zur Feier des Besuchers eine **Kerze** in der Hand hält.
2. Das Finalspiel in Wimbledon ist wieder restlos ausverkauft. In Gedanken schleudern Sie den flatternden **Schwan** mitten in die Menschenmenge.
3. Der diesjährige Sommerschlußverkauf hat nicht die erhofften Umsätze gebracht. Wahrscheinlich aufgrund des anhaltend heißen Wetters waren nur sehr wenige Kunden beim Einkaufen. In Ihrer Phantasie wurden diese mit dem **Dreizack** in die Geschäfte getrieben …
4. Die Japaner haben ein neues Elektroauto für vier Personen auf den Markt gebracht, mit dem man 500 Kilometer fahren kann, bevor man es wieder aufladen muß. Natürlich bekommt dieses Auto von Ihnen das »grüne **Kleeblatt**« als Gütesiegel!

So, das Prinzip haben Sie sicher inzwischen verstanden. Jetzt versuchen Sie es mit den Original-Nachrichten, oder fangen Sie mit den Werbespots an, wenn Ihnen das mehr Spaß macht.

Es ist nicht so wichtig, daß Sie diese Übungen jetzt alle auf einmal machen; aber Sie sollten schon regelmäßig trainieren. Dann erkennen Sie auch am schnellsten die Fortschritte auf Ihrem Weg zum phänomenalen Gedächtnis.

Erfolg durch gutes Gedächtnis

Falls Sie immer noch skeptisch sind und Ihren ersten Erfolgen nicht so recht trauen, können wir Sie vielleicht mit dem folgenden Bericht über einen ehemaligen Teilnehmer unserer Gedächtnistrainings-Kurse – einen Ingenieur namens Lothar Kerpe – überzeugen. Auch er war am Anfang mißtrauisch, doch seine Motivationskurve ging sehr schnell in die Höhe, als sich die ersten sichtbaren Erfolge einstellten. Heute ist sein phänomenales Gedächtnis die wichtigste Stütze für seinen beruflichen Erfolg.

Lothar Kerpe hatte vor etwa neun Jahren einen zweitägigen Grundkurs in Gedächtnistraining gemacht und einige Wochen später gleich ein zweitägiges Oberstufenseminar bei mir besucht. Seitdem ist sein gutes Gedächtnis aus seinem Leben nicht mehr wegzudenken.

Gleich auf der Heimfahrt nach dem Grundkurs übte er fleißig: Auf der Autobahn verknüpfte er zum Zeitvertreib die Ziffern auf den Nummernschildern der Autos mit den Zahlensymbolen. Als er zu Hause ankam, kannte er die Symbole bereits in- und auswendig.

Ein gutes Gedächtnis spart Zeit!

Zu Hause experimentierte er zunächst aus Spaß im Freundeskreis und verblüffte die anderen damit, daß er sich auf einmal alles viel besser merken konnte. Alles weitere kam automatisch: Bald war das Bilderdenken ihm so in Fleisch und Blut übergegangen, daß er auch seine

Schaltzeichnungen und Anlagenpläne automatisch in bewegte Bilder umsetzte und sie sich dadurch »wie im Schlaf« merken konnte. Auf diese Weise sparte er sehr viel an Arbeitszeit ein – bei manchen Vorgängen mindestens die Hälfte. »Meine Skizzen und Steuerungspläne kann ich mir ganz leicht einprägen«, sagt er, »indem ich mir voneinander abhängige Bewegungsabläufe mit möglichst absurden Bildern vorstelle. Je absurder, um so besser. Ich muß nur vorher entscheiden, was wichtig ist, aber das geht inzwischen schon automatisch.«

Auch das ist ein wichtiger Aspekt des Gedächtnistrainings: die richtige Vorauswahl zu treffen – zu entscheiden, was wichtig ist und was nicht. »Es kommt nicht darauf an, möglichst viel zu wissen«, sagt Lothar Kerpe, »sondern das Wissen auch kreativ zu verarbeiten; das ist viel mehr wert als die Summe sämtlicher Informationen. Deshalb überlege ich mir genau, was wirklich wichtig und wert ist, im Gedächtnis gespeichert zu werden.«

Herr Kerpe war von seinen Erfolgserlebnissen so begeistert, daß er bald danach meinen Kurs für Fortgeschrittene besuchte und sich die Zahlensymbole bis 100 einprägte. Das gab seinem Bilderdenken noch einmal starken Auftrieb. Er erfindet besonders gern witzige Bildergeschichten für seine technischen Daten. »Das ist auch ein wichtiges Element: der Humor. Lachen entspannt, und in entspanntem Zustand lernt und merkt es sich leichter. Deshalb mache ich meine Bildergeschichten immer so lustig wie möglich. Mit dem Lausbubengehirn kann man sich schwierige Dinge am schnellsten einprägen!«

Auch nach dem Fortgeschrittenen-Kurs übte Herr Kerpe zu Hause konsequent weiter, und so gelang es ihm mit der Zeit, seine bildhafte Vorstellungskraft immer mehr zu intensivieren und seine Gedächtnisleistung nicht nur zu verdoppeln, sondern sogar zu vervierfachen. Inzwischen ist er in der Lage, sich etwa drei bis fünf Quadratmeter große technische Zeichnungen bis ins kleinste Detail zu merken. Mit seinem ausgeprägten Vorstellungsvermögen kann er bis zu 100 technische Schaltungen auf einer Zeichnung speichern; er kann sie in der richtigen Reihenfolge wiedergeben und sogar seinen Kunden am Telefon Fragen dazu beantworten.

»Vor kurzem habe ich ein Projekt für eine große Firma, an dem normalerweise fünf Personen gleichzeitig beschäftigt wären, in Alleinarbeit bewältigt«, erzählt er. »Ich habe alles in Bildern gespeichert und dadurch viel Zeit und Arbeitsaufwand eingespart. Wer eine Steuerung konzipiert, der hat normalerweise Unterlagen: Bilder und Notizen, in die er immer wieder hineinschauen muß. Ich erfinde die Bilder ein einziges Mal und speichere sie ab – und dann weiß ich meine Daten einfach. Deshalb kann ich auch meine Kunden am Telefon so gut beraten: Ich kenne ihre Maschinen und Schaltungen auch nach Jahren noch so gut, als sähe ich sie vor mir.«

Auch beim Vokabellernen helfen bildhafte Verknüpfungen

Das war selbst für mich ein erstaunlicher Erfolg. Eine weitere positive Nachricht war, daß Herr Kerpe sein gutes Gedächtnis auch dafür eingesetzt hatte, sich auf einen Aufenthalt in Brasilien vorzubereiten: Etwa ein Vierteljahr vorher fing er an, sich mit portugiesischen Vokabeln zu beschäftigen. Mit bildhaften Verknüpfungen konnte er sich eine Menge Wörter merken; und als er dann zurückkam, berichtete er voller Stolz, daß es ihm überhaupt nicht schwergefallen war, sich in dem fremden Land zu verständigen.

»Die Grammatik war für mich nicht so wichtig«, erzählt er. »Wenn ich in den Laden gehe, ist es egal, ob ich sage ›der Butter‹ oder ›die Butter‹; Hauptsache, ich bekomme, was ich will. Aber den Wortschatz habe ich mir bildhaft eingeprägt. Nach einem Vierteljahr konnte ich sogar meine Angebote schon selber auf portugiesisch schreiben, und meine brasilianische Sekretärin hat sie dann nur noch einmal durchgesehen. Die meisten Wörter weiß ich heute noch, denn die Bilder vergißt man nicht mehr. Zum Beispiel das Eichhörnchen: Es heißt auf portugiesisch *esquilo*. Ich habe mir vorgestellt, es sitzt auf einem Baum und *ißt Kilo* von Nüssen. Das sitzt im Kopf.«

So können ein gutes Gedächtnis und eine geschulte bildhafte Vorstellungskraft im Alltag zu überzeugenden Erfolgen führen – und zwar in den verschiedensten Lebensbereichen.

Die Partnerübungen

In diesem Kapitel sollen Sie überprüfen, wie gut Sie inzwischen schon mit den Bildsymbolen umgehen können, indem Sie versuchen, die Gedächtnistrainings-Methoden auch an andere Menschen weiter-zu-geben: Trainieren Sie mit einem Partner zusammen, und Sie werden beide davon profitieren! Außerdem üben Sie weiter das effektvolle Argumentieren und das Einprägen von Tagesmeldungen oder wichtigen Punkten eines Artikels. Ihr Gedächtnis schwingt sich mit Sicherheit zu immer neuen und verblüffenderen Spitzenleistungen auf!

Können Sie Ihr Wissen an andere weitergeben?

Wie gut Sie sich in eine Materie eingearbeitet haben, merken Sie spätestens dann, wenn es darum geht, sie an andere weiterzuvermitteln. So ist es auch beim Gedächtnistraining: Wenn Sie Ihrem Übungspartner die Symbole und den Umgang mit ihnen so vermitteln können, daß er die folgenden Übungen schon innerhalb kurzer Zeit erfolgreich mit Ihnen absolvieren kann, dann haben Sie voll und ganz verstanden, worum es hier geht (abgesehen davon, daß solche Übungen zu zweit großen Spaß machen, und mit Spaß lernt es sich um so leichter!). Aber zunächst verraten Sie Ihrem Partner noch nicht zuviel; starten Sie mit einem Überraschungseffekt:

Übung 23: Flip-chart

Diese Übung haben wir »Flip-chart« genannt, weil sie im Seminar an einer Flip-chart vorgeführt wird und auf ganz verblüffende Art demonstriert, was Sie in kürzester Zeit mit der Geisselhart-Technik erreichen können. Sie läßt sich aber genausogut mit einem großen Bogen Papier ausführen.

Schreiben Sie auf das Blatt untereinander die Zahlen von 1 bis 12. Dann lassen Sie sich von Ihrem Übungspartner beliebige Begriffe nennen, die er jeweils einer der Zahlen zuordnen soll, zum Beispiel:

> **Bruttosozialprodukt** auf die **3**
> **Sommerreifen** auf die **8**
> **Pfannkuchen** auf die **4**
> **Kleiderschrank** auf die **2**
> **Sonnenblumen** auf die **1**

… und so weiter, bis alle Ziffern besetzt sind.

Schreiben Sie die Begriffe neben die entsprechende Zahl (dabei darf Ihr Partner ruhig zusehen), und gleichzeitig speichern Sie in Gedanken den Begriff zusammen mit dem zugehörigen Zahlensymbol ab. Zum Beispiel:

3. Das **Bruttosozialprodukt** ist ein heißes Thema; es wird auf den **Dreizack** gespießt und vorsichtig von einem zum anderen weitergegeben ...
8. Ihre alten **Sommerreifen** sehen aus wie die Fahrradreifen Ihres Nachbarjungen: Es sind deutliche »**Achter**« drin!
4. Morgen kochen Sie mal wieder **Pfannkuchen** – mit einer Füllung aus **Glücksklee**-Salat.
2. Sie öffnen nichtsahnend Ihren **Kleiderschrank** – und heraus kommt ein **Schwan,** der heftig mit den Flügeln schlägt.
1. Die **Sonnenblumen** im Garten scheinen Ihnen heute besonders hell zu leuchten – kein Wunder: In jeder Blüte steckt eine kleine **Kerze!**

Auf diese Weise prägen Sie sich die genannten Begriffe ein, während Sie sie aufschreiben. Da Sie ja schon Übung im Gedächtnistraining haben, dürfte das kein Problem für Sie sein. Anschließend geben Sie den Zettel Ihrem Partner und sagen die Begriffe in der Reihenfolge auf, wie sie auf dem Blatt stehen:

> 1. **Sonnenblumen**
> 2. **Kleiderschrank**
> 3. **Bruttosozialprodukt**
> 4. **Pfannkuchen ...**

Sie werden sie ohne Schwierigkeiten vorwärts und rückwärts aufzählen können, Ihr Partner kann die Zahlen (oder Begriffe) sogar durcheinander abfragen: Sie wissen mit hundertprozentiger Sicherheit, welcher Begriff zu welcher Zahl gehört.

Sie werden sehen, die Überraschung ist perfekt. Und jetzt dürfen Sie Ihrem Übungspartner auch verraten, wie Sie das gemacht haben. Zeigen Sie ihm die zwölf Symbole, und helfen Sie ihm, sich diese Bilder genau einzuprägen. Fragen Sie ihn so lange ab (vorwärts, rückwärts und durcheinander), bis er die

Zahlensymbole perfekt beherrscht. Und dann kommt es aufs Üben an: Üben Sie mit ihm Einkaufslisten, Erledigungen, Bestseller, und so weiter, und schärfen Sie ihm immer wieder ein, daß er lustige, bildhafte, lebendige Verknüpfungen schaffen muß.

Wenn Ihr Partner dann schon weiter fortgeschritten ist, diktieren Sie ihm Wörter für die Flip-chart-Liste, aber nehmen Sie für den Anfang lieber einfachere Begriffe. Fragen Sie ihn so lange ab, bis Sie den Eindruck haben, daß er die Symbole und ihre Anwendung »im Schlaf« beherrscht.

Der nächste Schritt ist dann, daß Sie die Flip-chart-Übung gemeinsam machen: Schlagen Sie abwechselnd einen Begriff für eine Zahl vor; jeder überlegt sich im stillen eine Verknüpfung mit dem jeweiligen Symbol und merkt sich den Begriff. Anschließend legen Sie die Liste beiseite und kontrollieren sich gegenseitig.

Sie werden sehen: Durch Ihre Betätigung als »Lehrer« wird Ihr eigenes Wissen nochmals deutlich gefestigt, und obendrein bringt das Üben zu zweit eine Menge Spaß und Motivation. Und je besser die Motivation ist, um so größer sind die Fortschritte!

Übung 24: Die Fernsehnachrichten

Das gleiche Spiel läßt sich natürlich auch mit den Fernsehnachrichten durchführen: Sehen Sie sich gemeinsam eine Nachrichtensendung an.

Anfangs darf einer von Ihnen die einzelnen Meldungen noch stichwortartig aufschreiben, dann fällt die Kontrolle leichter. Der andere merkt sich die einzelnen Beiträge, am besten mit der »Blitzlicht-Technik«: Sie werfen (in Gedanken) das entsprechende Symbol einfach in die Fernsehbilder hinein. Ein Beispiel:

Meldung 1: Sturmflut an der Nordsee, Hochwasser an der Elbe. Der Pegelstand wird Tag und Nacht überwacht. **Blitzlicht:** Nachts wird der Pegelstand bei Kerzenlicht abgelesen.

Meldung 2: Ferienbeginn, kilometerlange Staus auf den Autobahnen. **Blitz-licht:** Über den Autoschlangen fliegen mehrere Schwäne.
Meldung 3: Die Fußballmannschaft XY hat endlich einmal wieder ein Spiel gewonnen. **Blitzlicht:** Da hat wohl der Trainer seinen Spielern mit dem Drei-zack gedroht ...

Üben Sie auf diese Art wenn möglich mehrere Abende abwechselnd, und spre-chen Sie anschließend über Ihre Verknüpfungsideen, um sich gegenseitig Anregungen zu geben. Es kommt Ihrer Phantasie und Kreativität zugute, wenn Sie möglichst viele lebendige, absurde, lustige und vor allem bewegte Bilder gestalten. Wenn Sie dann beide ein wenig Übung haben, können Sie die Nach-richten gemeinsam ansehen und anschließend miteinander rekapitulieren.

Übung 25: Autokauf

Stellen Sie sich vor, Sie wollen einen Gebrauchtwagen kaufen. Folgende Aspekte sind dabei für Sie sehr wichtig:

1. Wie alt ist das Fahrzeug, und wie hoch ist der Kilometerstand?
2. Wie viele Vorbesitzer hatte es?
3. Wie hoch ist der durchschnittliche Benzinverbrauch?
4. Hatte es schon einmal einen Unfall oder größere Reparaturen?
5. In welchem Zustand sind die Bremsen?
6. Wie groß ist der Kofferraum?
7. Wieviel kostet der Wagen an Steuern?
8. Hat das Auto Airbag und ABS?
9. Bietet der Händler eine Gebrauchtwagen-Garantie an?
10. Nimmt er eventuell Ihren Altwagen in Zahlung?
11. Wo können Sie den Wagen bei Bedarf möglichst preisgünstig reparieren lassen?
12. Dürfen Sie eine Probefahrt mit der ganzen Familie machen?

Diese Punkte prägen Sie sich mit Hilfe der Symbole gut ein.

105

Ihr Partner übernimmt inzwischen die Rolle des Verkäufers, der es ja gewöhnt ist, mit solchen Fragen konfrontiert zu werden; das heißt, er hat schon die passenden Antworten parat:

1. Das Fahrzeug ist vier Jahre alt und hat circa 80 000 km auf dem Tacho; das bedeutet, es ist ein Langstreckenfahrzeug und entsprechend gut eingefahren.

2. Es gab erst zwei Vorbesitzer.

3. Entsprechend der hohen Kilometerzahl (Langstrecken) ist der Verbrauch außergewöhnlich niedrig.

4. ....

....

....

5. ....

....

....

6. ....

....

....

7. ....

....

....

8.

9.

10.

11.

12.

Der »Verkäufer« überlegt sich also die passenden Argumente und speichert sie genauso ein wie der potentielle Autokäufer seine Fragen.

Und dann kann das Spiel losgehen: Der Käufer bringt seine Fragen vor – eine nach der anderen oder auch in beliebiger Reihenfolge –, und der Verkäufer kann jeweils exakt darauf eingehen, weil er sich seine Argumentation ja ebenfalls zurechtgelegt hat.

Der Vorteil bei einer solchen Argumentation »nach Liste« ist es, daß kein Argument verlorengehen kann – nichts wird vergessen. Denn mit Hilfe der Zahlensymbole kann sich jeder blitzschnell vergewissern, ob er wirklich an alles gedacht hat. Und selbst wenn die Reihenfolge in der Hitze des Gefechts einmal außer acht gelassen wird, ist das nicht weiter schlimm: Die Zahlensymbole ermöglichen es ja, problemlos dort weiterzumachen, wo man von der ursprünglich geplanten Reihenfolge abgewichen ist.

Versuchen Sie es, experimentieren Sie ruhig ein wenig drauflos, denken Sie sich ähnliche Verhandlungen aus, und tauschen Sie dabei immer mal wieder die Rollen. Auf spielerischere und vergnüglichere Art und Weise läßt sich gezieltes Argumentieren nicht üben!

Eignen Sie sich eine bildhafte Sprache an!

Das Denken in Bildern stärkt Ihre Kommunikationsfähigkeit. Ihre Ausdrucksweise wird lebhafter, farbiger und konkreter. Sie werden sich mehr und mehr der bildhaften Sprache bedienen, um Ihre Worte auch auf der Gefühlsebene zu unterstützen.

Wenn Sie in Bildern denken und sprechen, kommt Ihre Aussage bei Ihrem Gegenüber viel gezielter und direkter an, weil Sie dann auf der logischen *und* emotionalen Ebene agieren. Das können Sie ganz einfach nachvollziehen: Wenn Sie ein Haus kaufen wollen, reagieren Sie auf ein hübsches Foto von der Immobilie mit blauem Himmel dahinter viel stärker als auf 20 technische Details, die irgendwo nüchtern auf dem Papier stehen.

Ein bildhafter Stil fesselt die Aufmerksamkeit der Gesprächspartner oder Zuhörer in sehr viel stärkerem Maße als eine Aussage, die mit abstrakten Begriffen und Fremdwörtern gespickt ist. Vergleichen Sie selbst:

»Die konjunkturelle Situation erfordert also innovative, dispositive Maßnahmen, die aber nicht organisatorischer Art sein dürfen. Wir müssen noch stärker initiativ werden, um eine größere Effizienz zu erreichen, damit das Projekt zur Durchführung gelangen kann.«

oder:

»Wenn wir diese Aufgabe meistern wollen, dürfen wir uns nicht auf die Bärenhaut legen. Wir müssen in die Hände spucken und mit anpacken; wir müssen Stein auf Stein schichten, bis das Werk, das wir uns vorgenommen haben, vollendet ist. Dann wird der Erfolg auch nicht ausbleiben, und in einem Jahr haben wir die Durststrecke hinter uns.«

Der erste Redner dürfte Schwierigkeiten haben, sein Publikum zu fesseln und ihm den Inhalt seiner Rede so zu vermitteln, daß er sich auch einprägt. Der zweite Redner dagegen benutzt eine einfache, bilderreiche Sprache; die Hörer wissen vermutlich auch nach ein paar Tagen noch, was er gesagt hat.

Ein arabisches Sprichwort drückt das sehr treffend aus: *Ein guter Redner kann seine Zuhörer mit den Ohren sehen machen.*

Wenn Sie lernen, immer mehr in Bildern zu denken, wird es Ihnen bald auch zur Gewohnheit werden, das Wichtigste aus den Aussagen anderer herauszuhören. Sie werden lernen, das Gehörte automatisch mit einem Symbol zu verknüpfen und abzuspeichern. So können Sie im Gespräch aufmerksam und flexibel reagieren und brauchen nicht zu befürchten, daß Ihnen ein wichtiges Argument oder ein interessanter Aspekt entgeht. Das kommt Ihnen in vielen Lebensbereichen zugute!

Zum Schluß dieses Kapitels präsentieren wir Ihnen noch eine Übung, die ich mit viel Erfolg immer wieder in meinen Seminaren praktiziere. Hier ist der Alltagsbezug unmittelbar gegeben, und die Teilnehmer sind jedesmal begeistert von der schnellen Umsetzbarkeit und Effizienz der Bildverknüpfungsmethode.

Übung 26: Der Zürcher und der Sizilianer

Stellen Sie sich bitte folgende Ausgangssituation vor: In einer Stadt auf Sizilien gibt es ein Architekturbüro mit 10 Mitarbeitern. Die wirtschaftliche Situation ist gut, die Zahl der Aufträge steigt kontinuierlich, und der sizilianische Architekt beschließt, eine große, leistungsfähige Computeranlage anzuschaffen. Aus diesem Grund nimmt er Kontakt mit einer renommierten Computerfirma in Zürich auf. Diese soll einen Vertreter schicken und ein gutes Angebot machen.

Die Seminarteilnehmer bilden Zweiergruppen; je einer spielt den Zürcher Vetreter und einer den sizilianischen Architekten. Zürcher und Sizilianer werden – räumlich getrennt – auf ihre jeweilige Argumentation vorbereitet.

Die Zürcher Computerfirma schickt ihren Starverkäufer, und der hat sich die folgenden Punkte für das Verkaufsgespräch zurechtgelegt und bildhaft abgespeichert (in Klammern steht das vorgestellte Bild, das sich der Verkäufer »ausgemalt« hat):

1. Unser **Bildschirm** ist **farbig.** (Eine mehrfarbige **Kerze** steht auf dem Bildschirm.)

2. Zu jedem Bildschirm wird automatisch eine **Maus** geliefert. (Die Maus hat die Form eines **Schwans,** das ist das neueste Design.)

3. Der Kunde bekommt **zusätzlich** zu seiner Anlage ein Paket **Computerspiele** geschenkt. (Die Disketten werden auf den **Dreizack** gespießt und über den Verhandlungstisch gereicht.)

4. Wir geben auf unsere Angebote **zwei Jahre Garantie.** (In die Ecke des Bildschirms kommt ein **Kleeblatt**-Aufkleber; jedes Blatt steht für ein halbes Jahr Garantie.)

5. Ebenfalls **zwei Jahre lang** werden Software-Neuerungen nachgeliefert, die sogenannten **Updates.** (Zwei Finger der **Hand** zeigen die zwei Jahre für die Updates an.)

6. Der Kunde bekommt eine eigene **Hotline** vom Herstellerwerk nach Sizilien gelegt. (Ein **Elefant** hebt den Graben aus und verlegt das Kabel.)

7. Die Computerfirma schickt einen **Einweiser,** der 10 Tage im Architekturbüro bleibt und den Mitarbeitern an Ort und Stelle die neue Anlage erklärt. (Er fährt einen Sportwagen und hat rechts und links die Firmen**wimpel** als Standarte befestigt.)

8. Die gesamte Anlage kostet nur **400 000 DM.** (Die Acht der **Sanduhr** wird halbiert und ergibt 4; die beiden Hälften haben danach die Form von zwei Nullen = 400.)

9. Wir sind sehr flexibel, wenn es um die Gewinnung von Neukunden geht, und so akzeptieren wir auch ungewöhnliche Zahlungsmittel, zum Beispiel **Grundstücke** (selbst solche mit **Schlangen** darauf), vorausgesetzt, sie sind notariell eingetragen.

10. Ich weiß, der Verkaufsleiter hat es mir persönlich beim **Golfspielen** gesagt: Dieser Kunde ist von seiner geographischen Lage her sehr wichtig. Mit ihm könnten wir den Markt im gesamten Süden aufrollen. Wenn wir es schaffen, daß er bei uns kauft, haben wir ein Pilotprojekt gestartet und können andere potentielle Kunden zur Besichtigung hinschicken. Ich darf im Ernstfall auch ruhig preislich etwas nachgeben, damit dieser Kunde einen Kaufvertrag abschließt, sogar bis etwa **40% Nachlaß**. (Vom **Golfball** werden 40% abgeschnitten; er kann kaum noch rollen.)

11. Ich will dem Architekten vorschlagen, er könne ein **Fest** für Arbeitskollegen (mit **Spaghetti**-Essen) veranstalten. Vielleicht hat er ja noch andere Geschäftsverbindungen, zum Beispiel zu Architekturverbänden in Tunesien, Südfrankreich, Spanien, auf Korsika, Elba, Sardinien oder in Süditalien. Das ist für uns Neuland, und wir sind sehr daran interessiert, im Mittelmeerraum **(Spaghetti)** Fuß zu fassen.

Der Sizilianer bereitet sich natürlich ebenfalls gründlich auf das Verhandlungsgespräch vor. In unserem Beispiel hat er sich vorgenommen, in den Preisverhandlungen knallhart aufzutreten. über die Computeranlage ist er ohnehin bestens informiert, weil einer seiner Verwandten zufälligerweise seit längerer Zeit in besagter Firma in Zürich arbeitet. Der Starverkäufer wird ihm also nichts Neues erzählen; der Sizilianer kennt den Inhalt seiner Ausführungen bereits und hat seine Argumentation präzise darauf ausgerichtet. Er will möglichst billig an seine EDV-Anlage kommen. Das sind seine Argumente:

1. Wir sind eine seriöse Firma, und unsere Kunden haben gerade hier auf Sizilien nichts übrig für diese neumodischen Bildschirme. Und da uns **Schwarzweiß-Monitore** genügen, nehmen wir anstelle der bunten Bilder lieber einen Preisnachlaß in Anspruch. (Die **Kerze** rollt über den Bildschirm, und er wird schwarzweiß.)

2. Wir wollen wissen, was eine **Maus** ist: Müssen wir dann Körnerfutter kaufen? Und wer fegt den Mäusedreck weg? Nein, eine Maus wollen wir nicht. (Der **Schwan** im Garten genügt als Haustier.)

3. Was sollen wir mit **Computerspielen?** Bei uns in Sizilien gibt es noch keine Gesetze gegen Raubkopierer, da können wir Spiele in Serie kopieren und unter der Hand (beziehungsweise über dem **Dreizack)** verkaufen, das gibt ein schönes Taschengeld!

4. Was die zwei Jahre **Garantie** auf die Anlage betrifft, so ist es von Zürich nach Sizilien doch sehr weit. Und wenn unsere Garantie dann abgelaufen ist, haben wir keine Betreuung mehr, das gefällt uns nicht. Sie müssen schon noch mindestens **zwei Jahre zugeben,** wenn Sie mit uns ins Geschäft kommen wollen. (Ein **Kleeblatt** hat ja auch vier Blätter!)

5. Dasselbe gilt für die Nachlieferung von Software: Zwei Jahre sind zuwenig. Wenn wir keine Software-Neuerungen mehr bekommen, sind wir nicht mehr auf dem neuesten Stand – und das wollen Sie gerade uns als dem ersten und wichtigsten Kunden in dieser Region doch nicht zumuten. Also **fünf Jahre** Versorgung mit **Updates** sind das mindeste, was wir brauchen (fünf Finger der **Hand).**

6. Was die **Hotline** betrifft: Die können wir uns sparen. (Der **Elefant** trampelt den Graben wieder zu.) Unsere Mitarbeiter sprechen sizilianischen Dialekt, die Leute im Herstellerwerk sprechen Schwyzerdütsch – die werden sich am Telefon garantiert nicht verstehen. Wir erwarten dafür einen weiteren **Preisnachlaß.**

7. Die Idee mit dem **Einweiser** vor Ort ist nicht schlecht, nur wird es ihm wahrscheinlich in unserem landschaftlich so öden Sizilien gar nicht gefallen. Wir haben einen Kollegen, der hat ein wunderschönes **Luxushotel** in Tunesien am Meer (mit Dutzenden von **Fähnchen** im Garten). Dort könnten wir die Einweisung abhalten; in der schönen Umgebung lernt es sich noch viel besser, weil die Leute dann motivierter sind. Die Rechnung schicken wir dann an Ihre Werbeabteilung.

8. Der Preis kann so nicht richtig sein; es sind bestimmt **zwei Nullen zuviel am Preis**, den Sie uns genannt haben (halbierte Eieruhr). Schauen Sie doch noch einmal genau nach; auf alle Fälle ist der Preis für uns erschreckend hoch, und wir erklären uns damit nicht einverstanden.

9. Sehen Sie doch einmal zum Fenster hinaus: Steppe, Wüste, weites Land, soweit das Auge reicht. Dieses Land gehört uns, es ist notariell eingetragen, und wir schlagen Ihnen ein Tauschgeschäft vor: Das **Land gegen die neue EDV-Anlage**. (Es gibt zwar einige **Schlangen** dort, aber man kann ja zur Besichtigung feste Stiefel anziehen.)

10. Da wir die ersten Kunden in dieser Region sind, wollen wir einen ordentlichen **Preisnachlaß**; wir dachten so an 20 bis 30%. Um den reduzierten Kaufpreis endgültig abzuklären, lade ich Sie ein, mit zu unserer Bank zu gehen (sie befindet sich gleich neben dem **Golfplatz**).

11. Wir richten demnächst den **Architektenball** aus. Da dürfen Sie und Ihre Kollegen gerne kommen und unseren Gästen die neue EDV-Anlage erklären. Der Ball dauert drei Tage (inklusive **Spaghetti**-Essen). Ob da nicht Ihre Werbeabteilung die Bewirtung übernehmen kann? Selbstverständlich wollen wir an jedem Abschluß, den Sie dabei tätigen, **fair beteiligt werden**, sagen wir, mit 10%.

So vorbereitet werden die beiden Parteien wieder zusammengebracht, und das Verhandlungsgespräch nimmt seinen Lauf.

Eine unschätzbare Hilfe beim Argumentieren ...

Es ist Ihnen sicher klargeworden, daß Sie in einer solchen Situation mit den Gedächtnis-Symbolen eine Hilfe von unschätzbarem Wert haben: Damit lassen sich sämtliche wichtigen Argumente so kreativ abspeichern, daß Sie sie jederzeit, auch nach Tagen oder Wochen, souverän und äußerst flexibel wieder abrufen können. Sie haben einen fertigen Argumentationsablauf im Kopf, an den Sie jedoch nicht zwingend gebunden sind. Je nach Gesprächsverlauf können einzelne Argumente vorgezogen werden, und doch behalten Sie spielend die Übersicht darüber, was schon gesagt worden ist und was noch fehlt. So können Sie auch sicher sein, daß Sie keinen wichtigen Punkt vergessen. Alle Argumente sind ständig präsent. Auch wenn Sie sich einmal von der ursprünglichen Reihenfolge ablenken lassen, können Sie anhand der Zahlen ganz leicht den Wiedereinstieg finden. Sie können aber genausogut flexibel reagieren und Ihre restlichen Argumente neu strukturieren – die leichte Handhabarkeit der Symbole macht Ihnen alles möglich.

Wenn Sie ernsthaft Gedächtnistraining betreiben, haben Sie schon nach kurzer Zeit einen deutlichen Vorsprung: Sie merken sich Zusammenhänge und Hintergründe viel leichter, und genau das macht Ihre Argumentation und Ihre Auftritte souverän. Die Vorbereitungszeit für eine Rede oder ein Verhandlungsgespräch ist auf diese Art vergleichsweise gering, und je intensiver Sie Ihre Vorstellungskraft trainieren, desto schneller werden Sie feststellen, daß Ihnen die Bildverknüpfungen in Fleisch und Blut übergehen. Wenn Sie Gehörtes immer gleich sortieren und speichern, verschaffen Sie sich einen wertvollen Informationsvorsprung und gewinnen Sicherheit.

Diese kreative Methode ist äußerst effizient: Es ist kein stures Auswendiglernen wie in der Schule, sondern eine schöpferische und bereichernde Tätigkeit, die ungleich mehr Spaß macht. Haben Sie bei unseren phantasievollen Kreationen nicht auch an der einen oder anderen Stelle im Text geschmunzelt? Mit humorvollen Bildern gehen Ihnen Ihre Reden und Argumentationen viel leichter von der Hand; die Gespräche werden lebendiger. Diese Lebendigkeit von innen heraus und Ihre Überlegenheit, die aus der Fülle der verfügbaren Informationen resultiert, steigern Ihre rhetorischen Fähigkeiten. Und natürlich

steigt dann auch Ihre Motivation, Reden zu halten oder schwierigere Gespräche souverän zu meistern. Bei allen Tätigkeiten aber, für die Sie eine hohe
Motivation haben, ist automatisch auch Ihre Konzentration hervorragend.

Erproben Sie selbst, wie all diese Faktoren sich gegenseitig unterstützen. Wenn
Sie Ihr Gedächtnis bewußt fördern und trainieren, wachsen Intelligenz, Konzentration und Motivation automatisch mit. Und wo diese Voraussetzungen
gegeben sind, sind Sie von vornherein auch *leistungsfähig!*

Und was das Wichtigste ist: Für Sie und Ihre Zuhörer bleiben während der
Rede jederzeit Ordnung und Überblick gewahrt – alles dank souveräner Anwendung der Gedächtnistechnik. Wenn Sie also in der Rhetorik Gedächtnistraining nach der hier vorgestellten Methode betreiben, werden Sie schnell und
deutlich davon profitieren:

Ihre Reden und Vorträge werden farbiger und plastischer, Ihre Persönlichkeit
gewinnt an Ausstrahlung, Ihr Gegenüber hört Ihnen mit größerer Begeisterung
zu – und kann Ihnen daher auch besser folgen.

Hier sehen Sie die Vorteile der Geisselhart-Methode in der Rhetorik noch einmal im Überblick

→ Schon die Vorbereitung einer Rede oder Argumentationskette macht Spaß; sie bringt innere Sicherheit und programmiert das Unterbewußtsein auf Erfolg.

→ Als Redner entscheiden Sie allein über Reihenfolge und Schwerpunkte der Argumentation und speichern Ihre Argumente entsprechend ab; die Zahlen bieten Ihnen ein brauchbares Ordnungssystem.

→ Dank der Flexibilität in der Handhabung der Zahlensymbole sind die Argumente auch jederzeit einzeln abrufbar. Je nach Verlauf des Vortrags oder Gesprächs können Sie spontan die passenden Punkte herausgreifen.

→ Sie können jederzeit wieder zu Ihrem ursprünglichen Konzept zurückkehren – oder kurzfristig ein neues aufstellen.

→ Sämtliche Argumente sind Ihnen ständig präsent; es geht keine Vortragsenergie durch unnötiges Suchen nach dem Zusammenhang verloren. Der Redner gerät nicht aus dem Konzept.

→ Sie können auch auf Einwände sofort reagieren und sie entkräften; denn Sie sind gut vorbereitet und haben daher mit ihnen gerechnet.

→ Durch bildhaftes Denken und in der Konsequenz auch durch bilderreiche Ausdrucksweise können Sie Ihr Publikum sehr gut ansprechen und dessen Vorstellungskraft steuern.

→ Argumente, die in Bilder gekleidet sind, bleiben bei Ihren Zuhörern viel länger haften.

→ Das Denken in Bildern unterstützt die Souveränität, die Ausstrahlungskraft und somit Ihre gesamte Persönlichkeit.

→ Eine unter solchen Voraussetzungen frei gehaltene Rede erzeugt ein besonderes Flair und fasziniert die Zuhörer: Der Inhalt der Rede kommt überzeugend beim Publikum an, und somit werden Sie das Ziel Ihres Vortrags voll und ganz erreichen.

Gedächtnistraining und NLP

Das weite Spektrum des Neurolingui-
stischen Programmierens (NLP) ist ein
weiteres lohnendes Anwendungsgebiet
für unser Gedächtnistraining.

Was versteht man unter NLP? In seinem
»Handbuch des spirituellen NLP«
schreibt Walter Lübeck:

»NLP ist der systematische, effektive
Gebrauch der jedem Menschen innewohnenden Möglichkeiten des Erin-
nerns, Vergessens, der Informationsaus-
wertung und -darstellung, des Wahrneh-
mens und Reagierens in allen Bereichen
des menschlichen Seins, um subjektives
und objektives Wohlbefinden, Flexibilität und andere zur befriedigenden
Gestaltung des Lebens wichtige Fähigkeiten im höchstmöglichen Maße zu fördern.«

Alles klar? Keine Angst, es geht auch
etwas einfacher:

»NLP ist eine Wissenschaft, die untersucht, wie wir unser Gehirn optimal nutzen und die Ergebnisse erzielen können,
die wir uns wünschen.« (Anthony Robbins:
»Grenzenlose Energie – Das Power-Prinzip«,
S. 48)

NLP entstand Anfang der siebziger Jahre aus der Arbeit von John Grinder und
Richard Bandler, der eine ein bedeutender Linguist, der andere Mathematiker,
Gestalttherapeut und Computerfach-
mann. Sie wollten die Vorgehensweise
von erfolgreichen Therapeuten beobachten, analysieren und daraus ein Modell

entwickeln, das es auch anderen ermög-
lichen sollte, solche überragenden Erfol-
ge zu erzielen. Als Vorbilder wählten sie:
Virginia Satier, eine äußerst erfolgreiche
Familientherapeutin, Fritz Perls, den
Begründer der Gestalttherapie, Milton
Erickson, den bedeutendsten Hypnose-
therapeuten unseres Jahrhunderts, und
Gregory Batson, einen erfolgreichen
Anthropologen.

Auf den ersten Blick schienen sie alle auf
ihren jeweiligen Fachgebieten unterschiedlich vorzugehen; doch bei genaue-
rer Untersuchung waren sich die tieferen
Strukturen verblüffend ähnlich. Bandler
und Grinder faßten diese Strukturen dann
in ein leicht lernbares System zusammen,
das sie NLP (Neurolinguistisches Programmieren) nannten.

»Neuro-« bezieht sich dabei auf die Erkenntnis, daß der Mensch Zugang zu seiner unmittelbaren Umgebung in erster
Linie über seine fünf Sinne hat: Sehen,
Hören, Fühlen, Riechen und Schmecken.
So gewinnt er seine Eindrücke und Informationen, die er dann in sein persön-
liches Wertesystem einordnet, von wo er
sie bei Bedarf wieder abrufen kann.

»Linguistisch« bedeutet, daß die Kommunikation nach außen und die Ordnung
der gedanklichen Aktivitäten mit Hilfe
der Sprache vollzogen werden. So ist
denn auch die Sprache ein Spiegel der
Gedankenstrukturen eines Menschen.

Mit »Programmieren« wird darauf hingewiesen, daß unsere Wertungs- und

Handlungsmuster aus »Programmen« zusammengesetzt sind, die wir tatsächlich beeinflussen und gegebenenfalls ändern können.

Erfolg ist machbar!

Die grundlegende Voraussetzung, von der das NLP ausgeht, ist folgende: Jede Leistung, zu der ein Mensch in der Lage ist, ist grundsätzlich auch für jeden anderen nachvollziehbar, wenn er die Bedingungen um sich herum genauso gestaltet wie sein Vorbild. Dabei geht es nicht darum, unbedingt genau dieselben Ergebnisse zu erzielen, sondern die gleiche Strategie anzuwenden. Sie können Ihre eigenen Erfolge dadurch beschleunigen, daß Sie die Erfolgsstrategien anderer auf Ihre Verhältnisse anwenden.

Das Neurolinguistische Programmieren geht dabei von einer Reihe von Grundregeln aus:

▪ Kommunikation findet immer statt: Ständig werden Eindrücke gewonnen, verarbeitet, gespeichert, weitergegeben.

▪ Jeder Mensch hat alles, was er braucht, um sein Leben zu bewältigen – er muß nur lernen, es auch sinnvoll zu benutzen.

▪ Jedes Problem läßt sich dadurch lösen, daß man es in kleinere Teilaufgaben zerlegt und daraufhin in einzelnen Schritten zu lösen versucht.

▪ Je mehr Möglichkeiten jemand hat, um auf Gegebenheiten zu reagieren, um so flexibler und leichter wird er sich in seiner »Um-Welt« zurechtfinden.

Mit diesen Grundregeln und einigen weiteren Regeln wird nun gearbeitet. Das Ziel für den einzelnen NLP-Praktizierenden besteht dabei darin, seine Lebensqualität zu verbessern (was immer das auch für ihn persönlich bedeuten mag) und die in diesem Zusammenhang anvisierten Ziele schneller und leichter zu erreichen.

Sagen Sie einfach einmal »Swish«!

Eine der bekanntesten Methoden, eine unerwünschte Situation zu seinen Gunsten zu verändern, ist die sogenannte »Swish-Technik«. Dabei gehen Sie folgendermaßen vor:

1. Sie machen sich ein möglichst genaues Bild von der Situation, die anders sein soll. Nehmen wir als Beispiel, daß Sie abends vor dem Fernseher gerne Chips knabbern und damit aufhören wollen. Zunächst stellen Sie sich in allen Einzelheiten vor, wie das ungeliebte Verhalten aussieht: Sie greifen zur Tüte, reißen sie auf, fassen hinein und fangen an zu essen. Es riecht nach Chips, Sie hören die Kaugeräusche, sehen die kleinen Krümel auf dem Sofa und auf dem Teppich ... Und Sie wissen, daß Sie von diesen »Chip-Orgien« auf Dauer Pickel und Übergewicht bekommen.

2. Nun müssen Sie ein Gegenbild kreieren, das den Zustand beschreibt, den Sie anstreben: Sie sitzen ruhig und entspannt auf dem sauberen Sofa, konzentrieren sich auf den Film, den Sie ansehen, und verstehen alles wunderbar, weil ja die Knabbergeräusche wegfallen. Falls Sie doch Hunger verspüren sollten, holen Sie sich einen Apfel oder eine Karotte. Sie bleiben schlank. Dieses Bild sollten Sie in Ihrer Phantasie so stark wie möglich ausgestalten, so daß es eine starke Anziehungskraft auf Sie ausübt.

3. Im dritten Schritt werden die beiden Bilder »geswisht«: Machen Sie sich ein großes, helles Bild von dem Verhalten, das Sie ändern möchten (Chips knabbern). In der rechten unteren Ecke dieses Bildes kreieren Sie ein kleines dunkles Bild von dem gewünschten neuen Zustand (»nur fernsehen«). Dann stellen Sie sich vor, wie dieses kleine Bild in Sekundenschnelle groß und hell wird und das Chips-Bild regelrecht sprengt. Sagen Sie dazu laut »SWISH« –mit so viel Dynamik und Begeisterung, wie Sie nur können. Das mag sich vielleicht albern anhören, aber dieses »SWISH« löst in Ihrem Gehirn eine ganze Reihe von Reaktionen aus, die für das Gelingen Ihres Vorhabens wichtig sind. Jetzt haben Sie ein großes, helles, klares Bild davon, wie Sie sein möchten. Das alte Bild ist nicht mehr zu sehen.

Wichtig bei dieser Methode ist, daß Sie sie schnell durchführen und einige Male wiederholen. Wenn Sie die beiden Ausgangsbilder kreiert haben, darf der eigentliche »SWISH«-Vorgang nicht mehr Zeit in Anspruch nehmen, als Sie brauchen, um »SWISH« zu sagen. Sie müssen vor Ihrem inneren Auge genau sehen, wie das kleine Bild groß und hell wird und das Bild mit dem unerwünschten Verhalten einfach sprengt. Das, was Sie erreichen möchten, ist jetzt nicht mehr unten in der Ecke, sondern auf dem »Großbildschirm« zu sehen.

Genießen Sie für einen kleinen Moment das Erfolgerlebnis; dann öffnen Sie kurz die Augen, und machen Sie die Übung gleich noch einmal: Sehen Sie das Verhalten, das Sie ändern wollen, groß und hell, das Wunschverhalten, das Sie anstreben, dagegen klein und dunkel in der Ecke. Sagen Sie laut und begeistert »SWISH«, und beobachten Sie dabei, wie das kleine Bild groß und hell wird und das große völlig verdrängt. Spüren Sie kurz diesen Erfolg, öffnen Sie wieder für einen Moment die Augen, dann wiederholen Sie das Ganze noch einmal. »Swishen« Sie etwa sechs- bis achtmal – bis Sie das Gefühl haben, daß das alte Bild, der ungewollte Zustand, ganz automatisch das neue Bild und das angestrebte Verhalten auslöst!

Ab heute keine Kartoffelchips mehr!

Wichtig ist, daß es schnell geht und daß Sie Spaß daran haben. Wenn Sie nun das nächste Mal vor Ihrem Fernseher sitzen und irgendwann an die Chips denken, werden Sie erleben, daß sich automatisch das »neue« Bild vor Ihrem inneren Auge breitmacht und die Chips ganz schnell in den Hintergrund treten läßt. Wenn nicht, dann üben Sie die Technik einfach noch einmal: Achten Sie darauf, daß die beiden Bilder klar und deutlich sind; vor allem der angestrebte neue Zustand muß verlockend sein und Ihnen etwas vor Augen führen, was Sie tatsächlich wollen.

Wichtig ist weiter, daß Sie die Technik wirklich schnell und begeistert ausführen und daß Sie den Erfolg nur kurz genießen, gleich darauf die Augen öffnen und das Ganze noch einmal machen.

Auf diese Weise geben Sie Ihrem Gehirn deutlich zu verstehen, welches Verhalten es in Zukunft favorisieren soll.

Sie haben sicherlich schon gemerkt, wo die Brücke zu unserem Gedächtnistraining liegt: im bildhaften Vorstellungsvermögen nämlich.

Je geübter Sie im Bilderdenken sind, um so leichter wird es Ihnen fallen, die beiden »SWISH«-Bilder zu kreieren, auszugestalten, deutlich vor Ihrem inneren Auge zu sehen. Ein NLP-Lehrer hatte während seiner Ausbildung unerwartete Schwierigkeiten mit der »SWISH«-Technik. Es gelang ihm nicht, sich die Bilder wirklich deutlich genug auszumalen und das eine an die Stelle des anderen treten zu lassen. Da riet ihm ein anderer Kursteilnehmer zum Gedächtnistraining. Die Fähigkeit zum Bilderdenken, die in solchen Kursen vermittelt

wird, ist die beste Voraussetzung, um sich einen gewünschten Zustand nach Belieben auszumalen und an die Stelle eines ungewünschten treten zu lassen. So gelang es dem NLP-Anwärter, sich auf dem Weg über das Gedächtnistraining die »SWISH«-Technik anzueignen. Er ist heute übrigens ein sehr bekannter Rhetorik-Trainer in Deutschland!

Auch Sie können mit der »SWISH«-Technik erfolgreich sein. Versuchen Sie es doch einfach: Vielleicht haben auch Sie ein unerwünschtes Verhalten, über das Sie sich öfters ärgern, das Sie aber bis jetzt aus irgendwelchen Gründen nicht ablegen konnten oder wollten (Nägelkauen, Rauchen, und so weiter). Machen Sie sich ein Bild von diesem bisherigen Zustand, und setzen Sie in die untere Ecke ein kleines Bild vom künftigen Wunschzustand. Und dann gehen Sie vor wie oben beschrieben.

Auch hier gilt allerdings das gleiche wie beim Gedächtnistraining: Sie brauchen schon ein wenig Geduld, denn ohne regelmäßige Übung und Wiederholung geht es nicht. Je häufiger Sie die angestrebte Veränderung bewußt einüben, um so leichter und rascher werden Sie das gewünschte Ergebnis erzielen. Seien Sie stark, geben Sie nicht nach!

Sie werden sehen: Mit dem bildhaften Vorstellungsvermögen, das Sie bis jetzt schon entwickelt haben, wird es Ihnen in Zukunft nicht schwerfallen, auch diese Technik mit Erfolg in Ihr Repertoire aufzunehmen!

Die Kunst der richtigen Auswahl

In diesem Kapitel möchten wir Ihnen helfen, sich über Ihre Prioritäten klarzuwerden, damit Sie Ihre Zeit und Energie auf die Dinge konzentrieren können, die auch wirklich wichtig für Sie sind. Wir schleppen oft zuviel unnötigen Ballast mit uns herum: Dinge, die wir tun oder besitzen, obwohl wir sie uns eigentlich sparen könnten; Aufgaben, die wir auch auf einfachere, zeitsparendere Weise erledigen oder an andere delegieren könnten; Probleme, die daraus entstehen, daß wir uns zuviel auf einmal vornehmen und hinterher nicht wissen, wo wir beginnen sollen. Die Kunst der Selbstbeschränkung läßt sich Schritt für Schritt erlernen.

Lernen Sie, Prioritäten zu setzen!

Es kann und will nicht Sinn dieses Buches sein, Ihnen eine effektive Methode zu vermitteln, wie Sie Ihr Gedächtnis zu Höchstleistungen trainieren können, und Sie dann damit allein »im Regen« stehenzulassen. Denn was fangen Sie mit diesem phantastischen Gedächtnis an? Merkfähigkeit als Selbstzweck bringt keine Ergebnisse, solange Sie sich nicht auch Gedanken darüber machen, *was* Sie sich alles merken wollen. Erst die Kombination mit anderen Lebensbereichen und die ständige Übertragung auf den Alltag machen die eigentliche Effektivität unserer Methode aus!

In diesem Kapitel möchten wir Ihnen zeigen, wie Sie Ihren Alltag mit Hilfe von Gedächtnistraining und phantasievollem Bilderdenken noch etwas bewußter und erfolgreicher gestalten können als bisher. Zu Anfang haben wir gleich eine interessante Aufgabe für Sie:

Übung 27: Die Schwerpunkteliste

Überlegen und notieren Sie sich zwölf Dinge, die Sie in den nächsten zwei Wochen erledigen oder zu Ende bringen müssen, zum Beispiel: das Gedächtnis-Buch fertiglesen, auf die Bank gehen, die Gartenarbeit machen, den Keller aufräumen oder Freunde besuchen.

....

....

....

....

....

....

....

Und nun differenzieren Sie: Was davon ist wirklich wichtig? Teilen Sie die Liste in sechs wichtige und sechs weniger wichtige Punkte ein. Und schließlich ordnen Sie die sechs wichtigen Dinge noch nach ihrer Dringlichkeit:

1. ....

2. ....

3. ....

4. ....

5. ....

6. ....

Auf diese Weise können Sie in viele Bereiche Ihres Lebens Ordnung und Übersicht bringen. Sie gewinnen nicht zuletzt auch einiges an Zeit, indem Sie die weniger wichtigen Dinge entweder schneller erledigen oder, falls möglich, liegenlassen oder an andere delegieren. *Und diese gewonnene Zeit können Sie wieder den Dingen widmen, die in Ihrem Leben wichtig sind.*

Gewöhnen Sie sich an, für jede Woche – oder auch immer dann, wenn Ihnen Ihre Aufgaben über den Kopf zu wachsen drohen und Sie nicht wissen, was Sie zuerst tun sollen – diese Übung zu machen und sich auf diese Weise auf das wirklich Wichtige zu beschränken.

Übung 28: Mehr Zufriedenheit am Arbeitsplatz

Nicht nur bei den alltäglichen Erledigungen, nein, auch bei den wichtigen Dingen in Ihrem Leben kommen Sie natürlich besser voran, wenn Sie einmal genau untersuchen, was denn jeweils von Bedeutung ist. Nehmen wir zum Beispiel Ihren Arbeitsplatz. Sie sind in letzter Zeit nicht mehr so recht glücklich und überlegen, ob Sie sich eine neue Stelle suchen sollen? Dann denken Sie einmal über folgende Aspekte nach:

Was genau ist es denn, was Ihnen an der alten Stelle nicht mehr behagt? Schreiben Sie mindestens fünf Punkte auf, und formulieren Sie sie so konkret wie nur möglich, auch wenn es Ihnen vielleicht banal vorkommt, zum Beispiel: Die Kollegen rauchen zuviel, und der ganze Qualm dringt natürlich auch in Ihr Büro. Der Chef bringt die wichtigen Briefe, die noch erledigt werden müssen, meistens ausgerechnet fünf Minuten vor Feierabend. Sie verdienen zuwenig und so weiter.

1. ....

....

....

....

....

2.

3.

4.

5.

Können Sie sich vorstellen, gegen diese einzelnen Mißstände selbst etwas zu tun, damit Ihre Situation besser wird?

Zum Beispiel: Sie bitten die Kollegen, sich auf ein Raucherzimmer (möglichst mit geöffnetem Fenster) zu beschränken; Sie reden mit dem Chef wegen der Briefe und bitten ihn eventuell um eine Gehaltserhöhung und so weiter.

Überlegen Sie sich nun für jeden einzelnen Punkt konkrete Maßnahmen (die Sie auch wirklich durchführen zu können glauben), und schreiben Sie diese auf der nächsten Seite Punkt für Punkt nieder.

1.

2.

3.

4.

5.

Und nun malen Sie sich unter Einsatz Ihrer gesamten Vorstellungskraft aus, wie es *nach* diesen Verbesserungen an Ihrem Arbeitsplatz aussieht. Könnten Sie manches vielleicht noch besser gestalten?

Falls Sie immer noch unzufrieden sind, halten Sie sich einmal vor Augen, wie denn Ihr Traumjob beschaffen sein müßte. Notieren Sie so genau wie möglich, welches die für Sie idealen Arbeitsbedingungen wären. Gäbe es unter diesen Voraussetzungen auch Nachteile, die Sie in Kauf nehmen müßten oder könnten?

Je genauer Sie wissen, was Sie wirklich wollen, um so größere Chancen haben Sie auch, es zu erreichen, weil ja viele andere Dinge, die Sie bisher am Rande auch noch beschäftigt hatten, jetzt aus Ihrem Blickfeld verbannt sind und Sie Ihre Energien voll und ganz auf Ihr Ziel konzentrieren können. *Und je intensiver wir uns in Gedanken mit unseren Zielen befassen, um so eher ziehen wir auch Personen, Situationen und Ereignisse an, die uns bei der Erreichung dieser Ziele helfen.* Roberto Assagioli hat das in seinem Werk »Die Schulung des Willens« folgendermaßen formuliert:

Gesetz 1
Vorstellungen oder mentale Bilder und Ideen haben die Tendenz, die körperlichen Bedingungen und die äußeren Handlungen zu erzeugen, die diesen entsprechen.

Gesetz 2
Einstellungen und Handlungen haben die Tendenz, entsprechende Bilder und Ideen hervorzurufen. Diese wiederum verstärken entsprechende Emotionen.

Die Fähigkeit, sich seine Ziele bildhaft und lebendig vorzustellen, ist also eine wichtige Voraussetzung dafür, sie letztendlich auch zu erreichen. Denn wie wollen Sie an Ihr Ziel kommen, wenn Sie es nicht einmal genau kennen?

Können Sie eigentlich spontan sagen, worin Ihr persönlicher Lebenssinn liegt? Was für übergreifende Ziele haben Sie für die nächsten Monate oder Jahre? Hier ist eine Übung für Sie, die Ihre ganz persönlichen Zukunftsperspektiven betrifft:

Übung 29: Der Jahresplan

Erstellen Sie einen Jahresplan mit den wichtigsten Punkten für die nächsten zwölf Monate (zum Beispiel Hausbau, Stellenwechsel, Umzug, neue Beziehung oder ähnliches). Es sollten mindestens acht Punkte sein.

1. ....

2. ....

3. ....

4. ....

5. ....

6. ....

7. ....

8. ....

....

....

....

....

....

Ordnen sie diese Punkte nach ihrer Wichtigkeit, und entwickeln Sie kreative Ideen und Lösungsansätze für eine erfolgreiche Bewältigung dieser Aufgaben.

Diese Übung sollten Sie wiederholen: Machen Sie dasselbe mit einem Plan für Ihre Ziele der nächsten fünf Jahre.

1. ....

2. ....

3. ....

4. ....

5. ....

6. ....

7. ....

8. ....

....

....

....

....

....

....

Übung 30: Ihre persönlichen Prioritäten

Versuchen Sie, abgesehen von diesen konkret anstehenden Aufgaben einmal folgende Fragen zu beantworten: Welche Lebensbereiche haben für Sie die größte Bedeutung? Was ist Ihnen wichtig?

Zählen Sie alle Lebensbereiche auf, die für Sie eine Rolle spielen – beispielsweise Beruf, Kinder, Partnerschaft, Geld, Sport, Freundeskreis, Urlaub und Reisen, persönliche Fortbildung und so weiter.

Und nun müssen Sie für sich eine Schwerpunkteliste erstellen:

Welches ist der wichtigste Bereich in Ihrem Leben? Welches ist der zweitwichtigste? Und so weiter.

1. ....

2. ....

3. ....

4. ....

5. ....

6. ....

7. ....

8. ....

9. ....

10. ....

11. ....

12. ....

13. ....

14. ....

15. ....

16. ....

17. ....

18. ....

Prüfen Sie bitte jetzt einmal nach, ob Sie diesen Lebensbereichen auch die entsprechende Zeit und Energie widmen.

Ich selbst war zum Beispiel lange stolz darauf, daß auf meiner persönlichen Liste die »Gesundheit« auf Platz drei stand, bis mich eines Tages jemand fragte, was ich denn für meine Gesundheit konkret täte – und da wurde mir klar, daß es im Verhältnis zur Wichtigkeit dieses Lebensbereichs viel zuwenig war. Also seien Sie ehrlich, und überprüfen Sie Ihre Einstellung und Ihr tatsächliches Verhalten ruhig von Zeit zu Zeit einmal, um festzustellen, ob sich da keine Diskrepanzen ergeben!

Mit Hilfe solcher Überlegungen können Sie eine viel gezieltere Auswahl aus den vielfältigen Aufgaben des Alltags treffen, die sich dann mit Sicherheit auch leichter bewältigen lassen, als wenn Sie es allen recht machen und alles schaffen wollen – und dabei sich selbst hintanstellen. Sie dürfen nur nicht vergessen, Ihre Aufstellungen der letzten Übungen und vor allem die Schwerpunkteliste von Zeit zu Zeit wieder hervorzuholen und zu überarbeiten: Prioritäten können sich rasch ändern, und das ist auch gut so.

Mit der Phantasie und den bildhaften Gestaltungsideen, die Sie sich inzwischen angeeignet haben, wird es Ihnen nicht schwerfallen, Ihre wichtigsten Lebensbereiche erfolgreich weiterzuentwickeln und es darin zu immer größerem Erfolg zu bringen.

Fortschritt durch Verzicht

Wer wirklich vorankommen will, muß Ballast abwerfen. Der Wanderer im Gebirge nimmt auch nicht alles mögliche mit; er wählt sehr genau aus, was er wohl am dringlichsten braucht, und nur das kommt in den Rucksack hinein. So gilt nun auch für Sie: Je mehr äußeren Ballast Sie abwerfen können, um so mehr Zeit, Freiraum und Energie haben Sie für Ihre innere Entwicklung.

Wenn Sie nicht dauernd durch Äußerlichkeiten abgelenkt werden, können Sie sich sowohl äußerlich wie innerlich auf das Wesentliche konzentrieren.

Was »Ballast« ist und was nicht, können im Grunde nur Sie selbst beurteilen. Aber ein paar Anregungen wollen wir Ihnen schon dazu geben:

- Beobachten Sie einmal eine Woche lang, was Sie sich so alles im Fernsehen anschauen, und notieren Sie die einzelnen Sendungen (auch wenn es nur zehn Minuten waren). Danach werten Sie diese Aufstellung aus: Welche Sendung wollten Sie wirklich sehen? Bei welchem Programm sind Sie einfach nur so »hängengeblieben«? Welche Sendung hat sich im nachhinein gelohnt, und worauf hätten Sie auch verzichten können?

- Was hätten Sie gewonnen, wenn Sie die eine oder andere Sendung nicht gesehen hätten? Was hätten Sie mit der eingesparten Zeit anfangen können?

- Mit diesen Erkenntnissen werden Sie Ihr Programm für die nächsten Wochen sicher bewußter (und sparsamer!) gestalten.

Ein weiteres Beispiel aus dem Alltag: Gehen Sie regelmäßig mit einer (natürlich imaginären) Besorgungsliste zum Einkaufen? Und halten Sie sich auch daran? Mehr als die Hälfte der Kunden hat an der Kasse mehr Waren im Einkaufswagen, als er ursprünglich hatte kaufen wollen. Brauchen Sie die zusätzlichen Dinge wirklich?

Übung 31: Werfen Sie unnötigen Ballast über Bord!

Überlegen Sie selbst, wo Sie in Ihrem Leben Ballast abwerfen können, und zwar im konkreten, materiellen ebenso wie im übertragenen Sinn: Gehen Sie statt viermal in der Woche nur noch zweimal zum Einkaufen, und Sie haben zwei Stunden Zeit gespart. Kaufen Sie nur noch die Bücher, die Sie auch tatsächlich lesen wollen, und verschenken oder verkaufen Sie die Werke, die seit Jahren ungelesen in Ihren Regalen stehen: Sie sparen Zeit, Geld und Platz. Treffen Sie sich nur noch mit Freunden, die Ihnen auch wirklich sympathisch sind – das spart Zeit und Nerven.

Und so weiter: Entwerfen Sie Ihre eigenen Lösungsvorschläge, denken Sie sich mit Phantasie und Vorstellungskraft mindestens zehn Ideen aus!

1. ....

2. ....

3. ....

4. ....

5. ....

6. ....

7. ....

8. ....

9. ....

10. ....

Und nun denken Sie einmal in Ruhe darüber nach, was Sie auf der anderen Seite gewinnen:

Wofür werden Sie die freigewordenen Kapazitäten (Zeit und Raum, Geld und Nerven) nutzen? (Ebenfalls zehn Beispiele!)

1. ....

2. ....

3. ....

4. ....

5. ....

6. ....

7. ....

8. ....

9. ....

10. ....

Das Ergebnis kann
zu folgender »Qualitätsspirale« führen

→ Sie tun weiterhin, was Sie bisher getan haben, aber Sie setzen deutliche Prioritäten und werfen alles über Bord, was nicht wirklich von Bedeutung ist.

→ Sie machen Ihre Arbeit mit größerer Motivation und spürbar größerem Geschick; das wirkt sich natürlich auch auf die Ergebnisse aus.

→ Diese Fortschritte ermutigen Sie dazu, neue Ideen zu entwickeln und sich mit neuen Gebieten zu beschäftigen. Sie entwickeln Neugier und noch größere Begeisterung, noch mehr Engagement für das, was Sie tun. Ihre Arbeits- und Lebensqualität steigt.

Wenn Sie sich daran gewöhnt haben, Ihre eingefahrenen Verhaltensmuster auf Ballast zu überprüfen, schaffen Sie automatisch mehr Zeit und gedankliche Freiräume für sich und Ihre neuen Ideen. Und indem Sie so für Neues offen sind, ziehen Sie auch Neues an: neue Ideen und Erkenntnisse, neue Umsetzungsmöglichkeiten, *im Laufe der Zeit sogar neue Interessen und Begabungen.*

Daß Sie die Idee des »Ballast-Abwerfens« für sich persönlich akzeptiert haben, werden Sie spätestens dann merken, wenn Sie denken wie einst Sokrates, als er eines Tages über den Marktplatz von Athen ging und feststellte: *»Hier gibt es so viele Dinge, die ich derzeit gerade nicht brauche.«*

Von der »Askese« zur Selbsterkenntnis

Keine Angst, wir wollen Sie hier nicht auf »Nullkonsum« herunterschrauben. »Askese« verstehen wir hier im Sinn des Begriffs »Tapa«, wie er bei dem Kenner der indischen Veden Vasant V. Paranjpe gebraucht wird. Die Veden gelten als älteste indoarische Literatursammlung (entstanden etwa 1200–600 v. Chr.) und zählen zu den heiligen Schriften des Hinduismus. Das Büchlein *Gnade allein* von V. V. Paranjpe faßt bestimmte Aspekte aus den Veden in ihrer Essenz zusammen, und hier wird eben auch der Begriff »Tapa« erläutert, der sich weitgehend mit dem deckt, was wir als »Ballast abwerfen« beschreiben:

Um dauerhaften geistigen Frieden zu erlangen, müssen wir lernen, die Zerstreuungen zu zügeln und Weisheit in der Beständigkeit zu erreichen. Du mußt versuchen, deine Abhängigkeit vom Körper, von den Sinnesobjekten und vom Gemüt zu verringern. Wenn du an ein luxuriöses Leben gewöhnt bist, dann denke in angenehmer Weise über jene Gegenstände nach, die du nicht unmittelbar benötigst. Wenn du diese aufzuschreiben versuchst, bin ich sicher, daß du über die Größe der Liste erstaunt sein wirst. (Vasant V. Paranjpe: »Gnade allein«, S. 136).

Wer also freiwillig seinen Konsum reduziert und versucht, sich von der Materie unabhängiger zu machen, hat mehr Erfolg als derjenige, der – zum Beispiel durch die Wirtschaftslage – von außen dazu gezwungen wird. Tapa bedeutet nicht völligen Konsumverzicht, sondern selbstbestimmte Einschränkung. Dieser Begriff steht bei Vasant V. Paranjpe in einer Reihe mit vier weiteren Begriffen, die als Erfahrungskette den Weg des Menschen aus der konsumorientierten materiellen Welt hin zu mehr Vergeistigung und Selbsterkenntnis beschreiben:

1. **Agnihotra:** Meditation bei Sonnenaufgang und -untergang, die den Meditierenden zu klarer Erkenntnis, intensiver Vorstellungskraft und Schulung des »inneren Auges« führen soll.

2. **Daan** ist das Geheimnis des glücklichen Lebens. Es ist das Teilen materiellen Besitzes mit Freunden.

3. **Tapa** ist in dieser Folge von Lernschritten auch als Gleichgewicht zu verstehen; Gleichgewicht im Kontostand zwischen Ausgeben und Einnehmen, Gleichgewicht zwischen außen und innen, »Reinigung des Selbst«, wie der Autor so schön formuliert: *Wenn jemand ein Dutzend Kleider benützt und die Anzahl verringert, ist es »Tapa«, und wenn ein anderer, der gewohnt ist, sich zu überfüttern, seine Kost auf das erforderliche Mindestmaß einschränkt, so ist das seine Art von »Tapa«. Wenn jemand einen höheren Prozentsatz für unwesentliche Dinge auszugeben pflegte und diesen reduziert, der übt »Tapa«.* Die geringeren Abhängigkeiten machen *Energiereserven frei, deren Erbe du bist, ohne es zuvor gewußt zu haben.*

4. **Karma** ist das bewußte und besonnene Handeln in voller Selbstverantwortung, durch das der Mensch sein Schicksal in die von ihm gewünschte Richtung lenken kann, also Schicksalssteuerung.

5. **Swadhyaya** schließlich bezeichnet das Studium des Selbst, Erkenntnis des Selbst, letztendlich die Einsicht in den Sinn des Lebens.

Die selbstauferlegte (teilweise) Befreiung von den Zwängen des Materialismus führt also zur größeren geistigen Freiheit, zu mehr Zeit für das eigene innere Weiterkommen, zu größerer Ausgeglichenheit und Harmonie. Vasant V. Paranjpe verspricht sogar noch mehr: *»Glücklichsein ist deine Belohnung!«*

Erfolgreiche Prüfungsvorbereitung

Einer meiner früheren Kursteilnehmer, Herr Marco Sacher aus Lübeck, nahm vor kurzem wieder Kontakt mit mir auf und erzählte ganz begeistert, wie er mit der Geisselhart-Methode sein Examen zum Diplomkaufmann mit Bravour gemeistert hat. Mit Hilfe der visuellen Abspeicherung gelang es ihm, nicht nur komplexe Themengebiete und große Stoffmengen in relativ kurzer Zeit zu bewältigen, sondern auch Teilgebiete daraus im Gedächtnis jederzeit abrufbar abzuspeichern.

»Ich hatte noch etwa sechs Monate Zeit bis zu den Examensklausuren zum Diplomkaufmann«, erzählt er. »An diesem Nachmittag wollte ich die gesamten Unterlagen zusammenstellen, die ich für die Prüfungen in den einzelnen Fächern benötigte. Nach mehreren Stunden hatte ich sie schließlich sortiert und nach den verschiedenen Fächern getrennt in DIN-A4-Ordner abgeheftet. Diese Ordner standen nun vor mir auf dem Schreibtisch. In diesem Moment wurde mir zum ersten Mal bewußt, welch immense Stoffmenge ich in den nächsten Monaten zu lernen hatte: *Es waren zehn Ordner mit jeweils etwa 500 Seiten Material.*

Die Informationsfülle bewältigen

Obwohl Herr Sacher sich schon zu den Semesterklausuren jeweils ausgiebig mit den einzelnen Fächern beschäftigt hatte, war ihm bis dahin nicht bewußt gewesen, welches Gesamtvolumen zur Endprüfung auf ihn zukommen würde. Im ersten

Moment hielt er es für aussichtslos, in der noch verbleibenden Zeit diese ganzen 5000 Seiten effektiv durchzuarbeiten. »Effektiv« bedeutete, den Stoff nicht nur intensiv durchzulesen, sondern auch große Teile davon auswendig zu lernen, und zwar so, daß er auf einzelne Details noch nach Tagen zurückgreifen konnte.

Was tun? »Als erstes einmal ganz tief durchatmen«, erzählt Marco Sacher. »Denn eines war mir klar: Es war aussichtslos, mit dem Lernen für die einzelnen Fächer zu beginnen, ohne eine bestimmte Methodik zu verfolgen. Ich mußte also innerhalb kurzer Zeit ein System finden, mit dessen Hilfe ich die einzelnen Themengebiete effektiv bearbeiten und anschließend auch sinnvoll und zuverlässig reproduzieren konnte.«

Versetzen Sie sich einmal in diese Situation hinein: Stellen Sie sich vor, Sie müßten in den kommenden vier Wochen die gesamten Unterlagen für ein Klausurfach durcharbeiten. Der Stoff umfaßt etwa 700 Seiten, die Sie komplett beherrschen müssen, um die Klausur erfolgreich zu bestehen. Wie würden Sie vorgehen?

Herr Sacher nahm sein fotografisches Gedächtnis zu Hilfe, das er in meinen Kursen und durch beharrliches Üben zu Hause inzwischen entwickelt hatte: Als erstes besorgte er sich ein Blatt Papier von etwa einem Quadratmeter Fläche. (Es kann auch etwas größer oder kleiner sein, aber man sollte auf jeden Fall darauf achten, daß das Blatt nur so groß ist, daß man es noch mit einem Blick vollständig erfassen kann. Das ist wichtig für die Visualisierung.) Dann notierte er an der Oberkante des Blattes das Thema des jeweiligen Fachgebiets. Darunter schrieb er die Überschrift des ersten großen Themenbereichs, auf die nächste Ebene die jeweils dazugehörigen Unterpunkte. Anschließend notierte er Überschrift und Unterpunkte für den folgenden Themenbereich und so fort, bis das gesamte Fachgebiet auf diesem Blatt schematisch festgehalten war.

»Bei diesem Vorgehen müssen Sie darauf achten, daß sämtliche in Ihren Unterlagen existierenden Überschriften zu den einzelnen Themenbereichen und Unterpunkten genau im gleichen Wortlaut auf Ihrer Übersicht erscheinen«, rät Herr Sacher. »Außerdem – und das erwies sich für mich im nachhinein als sehr hilfreich – ergänzte ich zu den einzelnen Unterpunkten jeweils noch in ein paar Worten die wesentliche Kernaussage.«

Eine solche Teil-Übersicht ist auf Seite 147 abgedruckt.

»Auf diesem einen Blatt hatte ich also den gesamten Stoff zu dem Thema, der aus mehreren hundert Seiten bestand, mit allen Bereichen und Untergliederungen schematisch dargestellt. Bevor ich nun daran ging, die Unterlagen im Detail zu bearbeiten, prägte ich mir diese Übersicht ganz genau ein.«

Auch Sie sollten sich unbedingt die Zeit nehmen, Ihre Stoffübersicht exakt auswendig zu lernen, selbst wenn es Sie einen ganzen Tag kosten sollte.

Beim späteren Durcharbeiten des Materials werden Sie mit Sicherheit weit mehr Zeit einsparen.

»Ich sah mir dieses Blatt genau an«, erzählt Herr Sacher. »Ich fotografierte es sozusagen im Geiste und speicherte es in allen Details in meinem Gedächtnis ab. Erst dann begann ich mit dem eigentlichen Studium der Unterlagen. Ich hängte die Übersicht direkt vor mir an die Wand über meinem Schreibtisch. Während ich nun die einzelnen Kapitel bearbeitete, hatte ich jederzeit Blickkontakt zu der Übersicht und wußte immer ganz genau, an welcher Stelle des komplexen Stoffgebietes ich mich gerade befand. Auf diese Weise konnte ich jede einzelne Seite einem Punkt auf der Übersicht bildhaft zuordnen. Das war für das Abrufen der Informationen während der Klausur sehr wichtig. Sie sollten nie den Fehler machen, die Übersicht beiseite zu legen und die Unterlagen unabhängig davon zu bearbeiten«

»Fotografieren« Sie die schematische Übersicht Ihres Lernstoffs einfach ab!

Das bildhafte Zuordnen sah nun im einzelnen so aus, daß Herr Sacher sich die jeweilige Seite genau ansah und konzentriert durchlas und sie dann im Geiste auf die entsprechenden Punkte der Übersicht kopierte. Das ständige Zuordnen jeder einzelnen Seite hatte außerdem den wichtigen und nützlichen Effekt, daß er nach dem ersten Durchgang durch die Unterlagen dieses Stoffgebiets auch die zugehörige Übersicht im Schlaf beherrschte.

Auf diese Art erarbeitete Herr Sacher sich in den kommenden Wochen auch die anderen Stoffgebiete, und trotz einer gewissen – sicherlich verständlichen – Anspannung ging er dann mit einem recht sicheren Gefühl in die Klausur: Ihm war bewußt, daß er jederzeit auf alle Informationen zurückgreifen konnte, die er brauchte.

Die ersten beiden Klausurfragen konnte er denn auch ohne große Mühe beantworten; aber bei der dritten kam der gefürchtete Blackout: Er wußte plötzlich rein gar nichts mehr. »Viele meiner Kommilitonen hätten in dieser Situation vielleicht den Hörsaal verlassen, aber das wollte ich nicht«, erzählt Marco Sacher. »Ich besann mich darauf, daß ich ja in meinem Gedächtnis alles abrufbar eingespeichert hatte. Es ging also in diesem Moment nur darum, möglichst schnell an die relevanten Informationen zu kommen. Ich schloß die Augen und konzentrierte mich. Im Geiste sah ich tatsächlich meine Übersicht vor mir an der Wand hängen, und dann ging ich sie einfach Stufe für Stufe durch bis zu dem Punkt, wo sich meiner Ansicht nach die gesuchten Informationen befinden mußten. Mit einer Verzögerung von höchstens fünf Minuten konnte ich die Klausur fortsetzen – und wußte genau die richtigen Antworten.«

In diesem Augenblick wurde Herrn Sacher klar, wie ungeheuer wertvoll die Methode der Visualisierung für ihn war. Es war ihm mit ihrer Hilfe nicht nur möglich, ein bestimmtes Thema von A bis Z komplett auswendig zur Verfügung zu haben – nein, was noch viel wichtiger war: Er konnte auch einzelne Detailinformationen aus dem gesamten Kontext gezielt abrufen und sogar seinen Professor in weiten Passagen wörtlich zitieren (was sich später bei der Benotung äußerst positiv auswirkte).

Nach drei Monaten hingen die Ergebnisse der Klausur am Schwarzen Brett, und als Herr Sacher sein Ergebnis sah, traute er seinen Augen nicht: Er hatte als Zweitbester des gesamten Examensjahrgangs abgeschlossen! Auch seine Kommilitonen waren ziemlich erstaunt, weil seine Semesterklausuren in diesem Fach zuvor eher mittelmäßig gewesen waren und niemand (am allerwenigsten er selbst) mit einer derartigen Leistungssteigerung gerechnet hatte.

Die hier beschriebene Visualisierungs-Strategie ist nur ein Beispiel von vielen, wie sich das bildhafte Vorstellungsvermögen auch im Beruf immer wieder erfolgreich einsetzen läßt. Vor allem, wenn es darum geht, komplexe Stoffmengen zu beherrschen und bei Bedarf abrufen zu können, ist diese Methode äußerst variabel und effektiv. Lassen Sie sich von diesem Beispiel anregen, und entwickeln Sie Ihre eigene Prüfungsvorbereitungs-Strategie. Ihre Phantasie und Kreativität kennen keine Grenzen!

Beispiel von Herrn Sacher

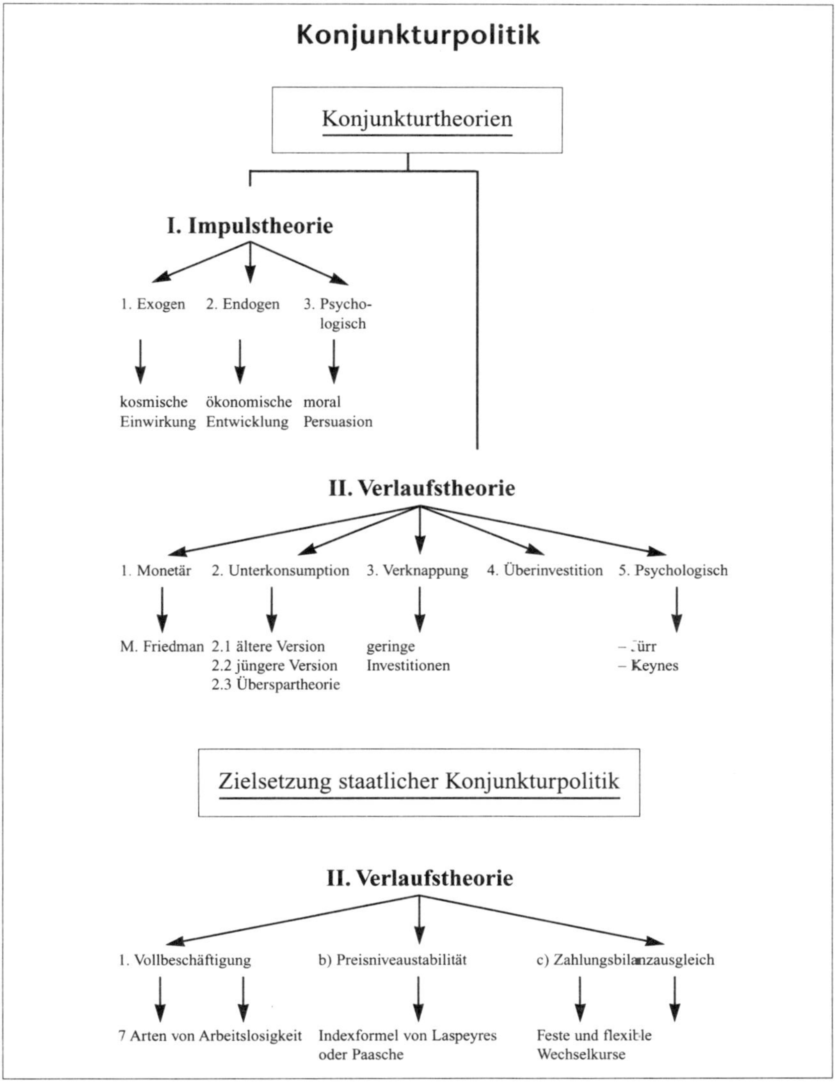

Konjunkturpolitik

Konjunkturtheorien

I. Impulstheorie

1. Exogen	2. Endogen	3. Psycho-logisch
kosmische Einwirkung	ökonomische Entwicklung	moral Persuasion

II. Verlaufstheorie

1. Monetär	2. Unterkonsumption	3. Verknappung	4. Überinvestition	5. Psychologisch
M. Friedman	2.1 ältere Version 2.2 jüngere Version 2.3 Überspartheorie	geringe Investitionen		– Dürr – Keynes

Zielsetzung staatlicher Konjunkturpolitik

II. Verlaufstheorie

1. Vollbeschäftigung	b) Preisniveaustabilität	c) Zahlungsbilanzausgleich
7 Arten von Arbeitslosigkeit	Indexformel von Laspeyres oder Paasche	Feste und flexible Wechselkurse

147

Konzentration – Entspannung – Motivation

In diesem Kapitel möchten wir Ihnen Übungen zur Steigerung Ihrer Konzentration und Motivation vorstellen. Denn das sind keine Fähigkeiten, die einem in die Wiege gelegt werden und mit deren Mangel man sich abfinden muß, wenn man sie nicht besitzt – nein, sie lassen sich gezielt trainieren und immer mehr verstärken. Durch ein solches Konzentrationstraining werden Sie es schon nach kurzer Zeit schaffen, die gleiche Arbeit innerhalb kürzerer Zeit zu erledigen – und obendrein auch noch besser! Durch positive Gedankenbilder können Sie Ihre Einstellung zum Leben und zur Arbeit verbessern und Ihre Ziele leichter und rascher erreichen. Über all diesem Streben nach Leistungssteigerung sollten Sie aber auch den Gegenpol nicht vergessen: Entspannung.

Konzentrationstraining

Konzentration ist die hohe Kunst der Aufmerksamkeitssteuerung – vielleicht die Geistesgabe, die alle anderen Fähigkeiten des Menschen veredelt und zur Vollendung bringt. Erst durch Konzentration werden gute Planung und gelungene Ausführung einer Arbeit ermöglicht. Das Training der Konzentration dauert in der Anfangsphase etwas länger und bringt nicht so schnell die ersten Erfolgserlebnisse wie das Gedächtnistraining. Deshalb sollten Sie mit den Übungen zur Konzentrationssteigerung erst beginnen, wenn Sie mit dem Gedächtnistraining schon ein Stück vorangekommen sind. Wir beginnen zuerst mit einigen ganz leichten Übungen:

Übung 32: Konzentration im Alltag

Bei Ihren ersten Konzentrationsübungen sollten Sie mit praktischen, alltäglichen Dingen anfangen. Erledigen Sie einige Routinearbeiten präziser und schneller als sonst:

- Waschen Sie das Geschirr gründlicher ab, aber in einer kürzeren Zeitspanne als bisher!

- Hängen Sie die Wäsche schneller auf als sonst, aber keinesfalls mit weniger Sorgfalt!

- Achten Sie beim Staubsaugen auf die Sauberkeit – und dazu noch gleichzeitig auf die benötigte Zeit!

- Wenn Sie zu Hause oder im Büro ein wichtiges Telefongespräch führen müssen, bereiten Sie es gründlicher vor, als Sie es bisher getan haben, und sparen Sie dadurch Zeit ein!

- Schreiben Sie einen Brief in zwei Dritteln der Zeit, die Sie sonst dafür benötigen.

Suchen Sie sich selbst weitere entsprechende Beispiele aus Ihrem Alltag zusammen, und fangen Sie gleich an mit dem Üben! Sie werden sich automatisch viel mehr konzentrieren müssen, und genau das ist der gewünschte Effekt. Weiten Sie Ihre »Versuche« nach und nach auch auf Tätigkeiten wie Wandern, Rasenmähen, Gartenarbeit, Basteln, Lesen, Sport, und so weiter aus (aber bitte nicht auf das Bedienen von Maschinen, das Autofahren oder Überqueren einer gefährlichen Straße!).

Sie werden feststellen, daß Ihnen dieses Konzentrationstraining bei einem ausgeglichenen Lebenswandel mit frischer Kost, genügend Bewegung und ausreichend Schlaf besser gelingt.

Der nächste Schritt, der Ihre Konzentrationsübungen leichter und gleichzeitig effektiver macht, ist die Beobachtung: Tragen Sie Ihre Erkenntnisse täglich in ein Notizbuch ein. Beobachten Sie zum Beispiel, zu welchen Tageszeiten Ihnen konzentrative Leistungen leichter gelingen. Bevor Sie nämlich Ihre Schwächen nachtrainieren, ist es motivierender, zunächst einmal Ihre anlagebedingten Stärken festzustellen und auszubauen:

Stärken stärken schwächt Schwächen!

Beim Tischtennis, Fechten, Schach, Hatha-Yoga, Klettern oder anderen (Kampf-)Sportarten nützt nur die hundertprozentig beherrschte Geschwindigkeit beziehungsweise Genauigkeit. Wo diese nicht vorhanden ist, gilt der Grundsatz »Langsamer ist schneller«, das heißt, mit weniger Tempo und mehr Konzentration kommen Sie im Endeffekt besser und sicherer weiter. Doch solche Beobachtungen und viele andere sollten Sie am besten selber machen, indem Sie sich täglich Ihr Büchlein vornehmen und Ihre Erfahrungen und Fortschritte im Konzentrationstraining kurz festhalten. Daraus können Sie sehr viel mehr lernen, weil sich aus diesen Erfahrungen genau die Schlüsse ziehen lassen, die zu Ihren persönlichen Fähigkeiten, zu Ihren eigenen Zielen und zu den Tätigkeiten passen, die Sie ausüben.

Übung 33: Beobachten Sie sich selbst!

Beachten Sie in diesem Zusammenhang auch einmal Ihre Körpersprache. Sie werden feststellen, daß Ihre Bewegungen stark von Ihrer momentanen Stimmung und Tätigkeit abhängen. Nun haben Sie in der Auswertung dieser Beobachtung zwei Möglichkeiten:

- **Von außen nach innen:** Wenn Sie niedergeschlagen und mutlos sind, können Sie bewußt Gesten und Bewegungen machen, die dynamischer und ziel-sicherer sind als zuvor. Andererseits können Sie natürlich auch, wenn Sie nervös und hektisch sind, Ihre Schritte ganz bewußt ruhiger, die Gesten sanfter oder den Tonfall weicher werden lassen. So balancieren Sie die Gegensätze bei sich selbst aus: Sie wirken durch Ihr Äußeres auf Ihr Inneres ein. Das wird Ihnen gut gelingen, wenn Sie bereits gelernt haben, sich auf sich selbst zu konzentrieren, und solche Stimmungen wahrnehmen. Rhe-toriker zum Beispiel beherrschen diese »Disziplin« ganz hervorragend.

- **Von innen nach außen:** Sie können aber ebensogut andere Gedanken, Bilder oder Erinnerungen in Ihrem Leben heraufbeschwören und dadurch Ihre Stimmung und Geisteshaltung gezielt verändern. Das ist der einfachere, natürlichere Weg, auch wenn er Ihnen anfangs ungewohnt erscheinen mag: Nach einigem Üben werden Sie erkennen, daß die Wirkung von innen nach außen erfolgt, das heißt, daß Sie durch die veränderte innere Stimmung automatisch, ohne daß Sie besonders darauf achten müßten, die entsprechende Gangart, Gestik, Bewegung und Ausdrucksweise wählen. Wenn Ihnen das auch in schwierigen Situationen gelingt, sind Sie in der Kunst der Konzentration und Selbstbeherrschung schon ein großes Stück vorangekommen!

An dieser letzten Übung werden Sie bald erkennen, daß das innere »Umschalten« leichter ist als das totale »Abschalten«.

Außerdem wird es Ihnen mit Hilfe kreativer Bildvorstellungen leichtfallen, die veränderten Bewußtseinszustände und Stimmungen gewissermaßen »auf Knopfdruck« zu erzeugen wie ein Schauspieler.

Selbstverständlich dürfen Sie Ihre Stimmungen auch zulassen und sich ohne jede »Maske« so zeigen, wie Sie sich gerade fühlen. Aber beobachten Sie, welche Reize von außen oder welche Gedanken diese Stimmungen auslösen, halten Sie auch das fest, und werten Sie es für sich aus. Wenn es immer wieder dieselbe Situation ist, die Sie niedergeschlagen und mutlos macht, können Sie sie ja in Zukunft vielleicht meiden.

Wenn Sie Ihre Niedergeschlagenheit oder schlechte Stimmung möglichst loswerden möchten, gibt es noch einen ganz besonders wirksamen Trick: Denken Sie kurz, aber sehr konzentriert an ein schönes Erlebnis, eine positive Erfahrung zurück, und versetzen Sie sich in Gedanken wieder in das Hochgefühl hinein, das Sie damals empfanden. Automatisch wird sich Ihre Körperhaltung verändern, und Ihre ganze Ausstrahlung wird positiver und dynamischer werden. Vergegenwärtigen Sie sich diese schöne Situation mit allen fünf Sinnen; wenn es beispielsweise die Erinnerung an einen schönen Urlaubstag im Grünen ist, dann *sehen* Sie nicht nur die schöne Landschaft, sondern hören Sie auch die Vögel zwitschern, riechen Sie die frische Luft und den Duft der Blumen, spüren Sie das weiche Gras an Ihren nackten Fußsohlen, und schmecken Sie die Köstlichkeiten aus dem Picknickkorb auf ihrer Zunge. Auf diese Weise wird die Vorstellung viel intensiver.

Auch wenn es Ihnen anfangs vielleicht etwas mühsam vorkommt – Sie werden bald sehen, daß es sich lohnt, Ihre Konzentrationsfähigkeit zu trainieren: Sie werden auf den verschiedensten Ebenen gleichzeitig an Effektivität, Dynamik und Ausstrahlung gewinnen!

Entspannung ist wichtig!

Wer sich geistig betätigen oder hochkonzentriert arbeiten will, kann dies sehr viel besser, wenn er entspannt ist beziehungsweise wenn er sich zwischendurch immer wieder bewußt entspannt. Diese Erfahrung haben Sie sicherlich auch schon gemacht.

Eignen Sie sich deshalb eine Entspannungsmethode an, die Ihnen liegt, und praktizieren Sie diese regelmäßig in Ihrem Alltag, dann werden Sie sehr bald erkennen, wie gut Ihnen das tut:

> → Entspannen Sie sich gezielt vor Situationen, die anstrengend oder schwierig für Sie sind – dann wird Ihnen alles gleich viel leichter vorkommen!
>
> → Auch nach einem anstrengenden oder »stressigen« Ereignis sollten Sie sich entspannen, dann werden Sie es schneller und besser verarbeiten können.

Es gibt unzählig viele bekannte und bewährte Entspannungsmethoden; wenn Sie noch keine »eigene« Methode haben und etwas über autogenes Training, progressive Muskelentspannung, Atemübungen, Traumreisen oder ähnliches wissen wollen, greifen Sie am besten zur Fachliteratur, oder belegen Sie einen entsprechenden Kurs.

Wichtig ist, daß Sie überhaupt eine Entspannungsmethode praktizieren – und daß Sie dies regelmäßig tun.

Wir möchten Ihnen auf der nächsten Seite eine Methode vorstellen, mit deren Hilfe Sie Ihren Kopf besonders gut entspannen können. Diese Methode ist nicht so bekannt wie beispielsweise das autogene Training, aber gerade für »Vieldenker« geradezu ideal, um von den unzähligen Problemen loszukommen, die ihnen im Kopf herumschwirren.

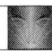

Übung 34: So entspannen Sie Ihren Kopf

Im Kopf haben wir keine Muskeln, die wir entspannen können. Doch dank unserer trainierten Vorstellungskraft lassen sich die Blutgefäße des Gehirns durch subtile gedankliche Beeinflussung entspannen, so daß wir auch im Kopf den gleichen Effekt erreichen können wie bei anderen Übungen zum Beispiel an Armen oder Beinen:

1. Setzen oder legen Sie sich ruhig hin, und fühlen Sie Ihren ganzen Kopf (ungefähr eine Minute lang).

2. Fühlen Sie Ihren Schädel (etwa eine Minute lang).

3. Stellen Sie sich vor, daß Ihr Gehirn im Schädel schwimmt wie ein großer Klumpen, eine weiche Masse in einer Flüssigkeit.

Erschrecken Sie nicht, wenn Sie nach einigen Tagen oder Wochen den Eindruck haben, Sie spüren Ihr Gehirn tatsächlich – das ist durchaus möglich!

4. Halten Sie zunächst die Vorstellung, später die tatsächliche Empfindung ein bis drei Minuten lang fest. Entwickeln Sie dabei in allen Farben ausgemalt die Vorstellung, daß das Gehirn als große weiche Masse zum Hinterkopf hin zerschmilzt.

5. Spüren Sie Ihren Pulsschlag bewußt im Hinterkopf, und konzentrieren Sie sich darauf. Vermeiden Sie aber, dabei einzuschlafen, da dies sonst zur Gewohnheit werden kann.

Wenn Sie diese Übung einige Zeit gemacht haben und damit zurechtkommen, werden Sie die rasch eintretende tiefe Entspannung nicht mehr missen wollen.

Vor allem nach einem wirklich anstrengenden Tag und nach geistiger Arbeit ist eine solche Methode der richtige Weg, um schnell wieder Leistungsfähigkeit und neuen Schwung »aufzutanken«. Natürlich brauchen Sie auch zum Erfolg dieser Methode etwas Übung.

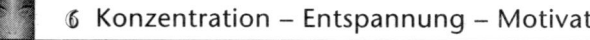

Die Wahrnehmung des Pulsschlags im Hinterkopf läßt sich, wenn man ihn einmal spürt, leicht und mit wenig Aufmerksamkeit aufrechterhalten. Wir wollen diesen Teil der Übung noch ein wenig verfeinern:

6. Konzentrieren Sie sich mit 50% Ihrer Aufmerksamkeit auf Ihren Pulsschlag im Hinterkopf, mit den anderen 50% auf Ihren Pulsschlag im Nabel.

Das mag sich sehr schwierig anhören, doch wenn Sie es ein paarmal gemacht haben, werden Sie feststellen, daß diese doppelte Konzentration sogar längere Zeit aufrechterhalten werden kann. Dadurch können Sie Ihren Kopf weitgehend von lästigen Gedanken freihalten und Ihre geistigen Kapazitäten auffrischen.

Ziel einer jeden Entspannungsübung ist es, die Gedanken weitmöglichst auszuschalten. Diesen Zustand können Sie folgendermaßen intensivieren:

7. Wenn Sie sich vorstellen, daß das Gehirn wie eine weiche Masse zum Hinterkopf hin zerschmilzt, dann machen Sie sich gleichzeitig bewußt, daß sich damit auch das momentane Denken zum Hinterkopf hin auflöst beziehungsweise dort zur Ruhe kommt.

Auf diese Art können Sie Ihre Gedankentätigkeit allein durch intensive Vorstellungen zur Ruhe bringen. Diese Gedankenleere ist enorm wichtig, wenn Sie anschließend wieder konzentriert lernen und intensiv arbeiten wollen. Auch beim Wechsel von »Arbeit« auf »Privatleben« kann eine kurze Entspannungsphase bei vielen Menschen Wunder wirken: Sie schalten viel leichter um!

So motivieren Sie sich und andere

Der Begriff der Motivation begegnet uns auf Schritt und Tritt: Jeder Chef motiviert seine Mitarbeiter, jede Mutter ihre Kinder, jeder Lehrer seine Schüler. Dabei werden in den meisten Fällen materielle Motivatoren eingesetzt: Lohnerhöhungen und Leistungsprämien in Betrieben, Süßigkeiten für gutes Verhalten, »Fleiß-Bildchen« für besondere Hausaufgaben – das alles ist aber immer weniger Anreiz für herausragende Leistungen. Woran liegt das?

Heutzutage besteht eine gewisse materielle Übersättigung; daher sind viele dieser Motivatoren inzwischen nicht mehr wirksam. Die Motivation wird immer schwieriger.

Der amerikanische Psychologe Abraham Maslow hat eine »Bedürfnis-Pyramide« entworfen, auf der der Mensch von den rein physiologischen Bedürfnissen (wie Essen, Trinken, Obdach) über verschiedene Stufen bis hinauf zur Selbstverwirklichung gelangen kann. Maslow hat in diesem Zusammenhang folgende Beobachtung gemacht: Wenn wir andere Menschen mit materiellen Werten oder mit Geld motivieren, so müssen wir ständig die Summe erhöhen. Der Mensch gewöhnt sich schnell an einen bestimmten Betrag, sieht das Geld (oder den materiellen Wert) als selbstverständlich an und läßt in seinen Leistungen wieder nach. Den Belohnungswert aber ständig zu erhöhen, um die Motivation zu sichern, ist schlichtweg unmöglich.

Da sich nun die quantitative Erhöhung der Motivatoren nicht auszahlt, weil sie nicht die gewünschte Wirkung bringen kann, bleibt uns nichts anderes übrig, als unser Augenmerk auf die qualitativen Elemente zu richten. Und hier fällt schnell auf, daß gedankliche, geistige, ethische, weltanschauliche, auf Interessen und Gefühle bezogene Motivatoren, die aus dem Inneren des Menschen kommen und sich auch dorthin wenden, eine deutlich längere Wirkungsdauer und -tiefe haben. Je mehr wir unsere Motivation an materiellen Gegenständen des physikalischen Universums (Geld, bestimmten Objekten) festmachen, um so kürzer ist die Motivationsdauer. Umgekehrt gilt: Je mehr wir die Beweggründe unserer Handlungen an geistige Prozesse, Ziele und Vorstellungen knüpfen, um so langanhaltender und tiefgreifender ist die Wirkung.

Das Prinzip ist auch in unserer »Bedürfnis-Pyramide« erkennbar: Der Weg führt von den rein physiologischen Bedürfnissen (Quantität) über soziale Aspekte und persönliche Eigenschaften bis hinauf zum (qualitativen) Glück der Selbstfindung. Je weiter wir uns von der materiellen Basis wegbewegen, um so größeren Motivationswert haben die einzelnen Erfolgserlebnisse.

Was zu tun bleibt, ist das Umdenken der Motivationsstrategie in Richtung Qualität. Das bedeutet: Der Blick geht weg vom »Sachlichen«, weg vom Geld-wert, weg vom physikalischen Universum – hin zum Menschen. Es ist leichter und weniger kostspielig, den Menschen selbst zu motivieren, und diese Art Motivation hält außerdem viel länger an. Auch die alten Könige und Kaiser wußten das schon umzusetzen: Sie hielten ihre Schatzkammern geschlossen und schenkten ihren Helden statt Gold lieber einen Orden. Der Imagewert war bedeutend höher als ein Geldbetrag.

Ähnlich ist es heutzutage mit den Beförderungsstufen bei der Bundeswehr: Titel, Orden, Auszeichnungen und Urkunden, Lob und Anerkennung – all das sind wirksame Motivatoren! Solche Einflüsse wirken auf subtileren Ebenen, die uns nicht immer bewußt sind, und deshalb können sie ihre Wirkung viel nach-haltiger und langfristiger entfalten. So kann schon allein die vorbehaltlose Akzeptanz eines anderen Menschen sehr motivierend auf ihn wirken.

Nur wenigen Menschen gelingt es, ihre Mitmenschen so zu akzeptieren, wie sie eben sind; dauernd läuft bewußt oder unbewußt gedankliche Kritik ab. Aber unser Kollege im Büro denkt nun einmal so, wie er denkt, er handelt so, wie er veranlagt ist, und erledigt seine Arbeit in seinem eigenen Stil. Wer dies unein-geschränkt akzeptieren kann, geht den ersten wichtigen Schritt in Richtung Persönlichkeitsbildung und Charisma.

Qualität

innen

**Selbst-
verwirklichung**

Glück, Wahlfreiheit,
Unabhängigkeit

Selbstachtung

Identität, Geltung, Prestige,
Luxus, Verantwortung, Wachstum,
Ego, Fortschritt, Erfolg, Macht, Besitz,
Innovation, Neugierde, Selbstbestätigung,
Aufwertung, Leitbilder, Streben, Ansehen,
Image, Konkurrenz-Vorsprung, Spieltrieb,
Tätigkeitsdrang, Zielerreichung

Soziale Anerkennung

Erfolgserlebnis (im Beruf), Anlehnung, Fürsorge, Kontakt,
Zuneigung, Geselligkeit, Herdentrieb, Vereine, Club, Familie,
Freunde, Kirche, Nestwärme, Kooperation

Sicherheit

Angstfreiheit, Sicherheit durch Lernen, Demokratie, Team,
körperliche, geistige und seelische Sicherheit, Bequemlichkeit,Trägheit,
Transparenz der Zusammenhänge, Schutz vor Risiko, Alter, Entlassung, Sorgen

Physiologische Bedürfnisse

Hunger, Durst, Gesundheit, Lebensverlängerung, Selbsterhaltung, Wärme, Genuß

Quantität

außen

Gerade in Betrieben ist der Motivationsgrad der Angestellten enorm wichtig: Nur mit motivierten Angestellten kann etwas erreicht werden. So wäre es für einen Abteilungsleiter *das* Patentrezept schlechthin, seine Mitarbeiter genau so zu akzeptieren, wie sie von ihrer Persönlichkeitsstruktur her veranlagt sind. Dann nämlich fühlt sich jeder einzelne in seiner Eigenheit voll und ganz angenommen und ist motiviert, sein Bestes zu geben.

Das andere Extrem sieht so aus, daß der Mitarbeiter die »innere Kündigung« vollzieht und oftmals nur noch rein physisch anwesend ist; das hat natürlich negative Auswirkungen auf die Kollegen und das Betriebsklima.

Für eine gute Motivation am Arbeitsplatz läßt sich vieles tun. Es gibt zum Beispiel eine ganze Reihe von Seminarangeboten, die sich mit dem beruflichen Umfeld befassen: rationelle Zeiteinteilung, Arbeits- und Kommunikationsmethoden, Denk- und Merktechniken, kreative Arbeitsplatzgestaltung, sogar Entspannungsmethoden – all das trägt wesentlich zu einem harmonischen Arbeitsklima und zur Motivation der Mitarbeiter bei.

Ein Mitarbeiter, der ein- bis zweimal im Jahr auf ein solches Seminar geht, und sei es auch nur für zwei oder drei Tage, wird sich nach und nach seiner Fähigkeiten bewußter, und das kommt natürlich seiner inneren Entwicklung und damit auch seinen Leistungen zugute.

Vor einigen Jahren hielt ich für die Außendienstmitarbeiter einer Münchner Firma ein Tagesseminar über Gedächtnistraining und Rhetorik.

Am Ende dieser Veranstaltung waren die Teilnehmer allesamt sehr begeistert; sie sprühten nur so vor guten Ideen und waren bestens motiviert. Ihr Vorgesetzter fragte mich dann, wie man diese hohe Motivation möglichst lange aufrechterhalten beziehungsweise immer wieder von neuem wecken könnte. Mein Vorschlag war, für die Mitarbeiter einmal pro Monat ein Blatt mit guten Ideen zusammenzustellen: Merksätze zur Motivation, Ideen zur Kommunikation im Büroalltag, positive Leitgedanken, Vorschläge zur Selbstentfaltung am Arbeitsplatz und so fort. Noch effektiver ist es natürlich, wenn jeder Mitarbeiter, jeder Mensch in der Lage ist, sich selbst zu motivieren.

Es gibt genügend Faktoren im heutigen gesellschaftlicher Umfeld, die sehr schnell demotivieren und entmutigen; und wer nicht gelernt hat, sich selbst aufzubauen, der hat dem oft nichts entgegenzusetzen.

Aus diesem Grund finden Sie auf der nächsten Seite eine Reihe von Anregungen zur Selbstmotivation für Arbeit und Freizeit, für Familie und Beruf, die Sie selbstverständlich nach eigenem Belieben und nach Ihren persönlichen Erfahrungen ergänzen können:

Gute Ideen für Ihre Motivation

→ Unterscheiden Sie tagtäglich Wichtiges vom Unwichtigen. Richten Sie Ihre Konzentration mehr auf das Wesentliche, und verbessern Sie Ihre Einstellung zu diesen Tätigkeiten; das ist sehr ausschlaggebend für den raschen Erfolg Ihres Tuns!

→ Wer in Bildern denkt, dem fällt es leichter, sich auf das Wesentliche zu konzentrieren.

→ Benutzen Sie Merkzettel als Erinnerungshilfen, um wichtige Dinge konsequent in die Praxis umzusetzen, zum Beispiel »Lerne Schweigen«, »Erschaffe Zielbilder« oder »Kommuniziere über betriebliche Prioritäten«.

→ Jeder positive Entschluß intensiviert die Kraft Ihrer Gedanken.

→ Legen Sie sich ein kleines Heft an, eine Art Ideentagebuch, wo Sie all das festhalten, was Ihnen an Ideen, Verbesserungen und Zielen einfällt.

→ Teilen Sie Ihre Ziele immer in kleine Etappen auf; zu hoch gesteckte Ziele können nämlich schnell entmutigen, wenn keine Fortschritte erkennbar werden.

→ Sammeln Sie positive Erinnerungen: Bilder von Erlebnissen, die Sie einmal stark motiviert und vorwärtsgebracht haben. Schreiben Sie diese Erinnerungen so genau wie möglich auf.

→ Setzen Sie bei Gelegenheit den einen oder anderen dieser alten Motivatoren wieder einmal in die Tat um: Gehen Sie paddeln, ins Kino oder in den Zoo; sehen Sie sich alte Filme an, lesen Sie die alten Bücher. Tanken Sie das Flair von damals wieder auf, lassen Sie sich neu motivieren!

→ Pflegen Sie Ihre Hobbys; üben Sie Ihre Talente, verstärken Sie die Gebiete, auf denen Sie gut sind. Sei es, daß Sie gerne tanzen, malen, stricken oder ähnliches: »Stärken stärken schwächt Schwächen!« Und die Motivation stärkt es allemal, wenn Sie in den Bereichen, die Ihnen liegen, Erfolge haben und gelobt werden. Anfangs kann es etwas dauern, doch dann zeigen sich die positiven Resultate um so deutlicher.

Schauen Sie sich noch einmal die Bedürfnis-Pyramide an, und überlegen Sie sich weitere Ideen, wie sie sich und Ihre Mitarbeiter motivieren können:

Ideen für Ihre Mitarbeitermotivation:

....

....

....

....

Ideen für Selbstmotivation:

....

....

....

....

163

Übung 35: So motivieren Sie sich selbst

Und nun wollen wir Ihnen an einem konkreten Beispiel zeigen, wie Sie Ihr kreatives Bilderdenken ganz gezielt zur Selbstmotivation einsetzen können:

Nennen Sie zunächst drei Bereiche in Ihrem Leben, in denen Sie gut (und entsprechend motiviert) sind:

1. ....

2. ....

3. ....

Könnten Sie Ihre Leistungen in diesen Bereichen noch steigern? Und wie?

1. ....
....
....
....

2. ....
....
....
....

3.

Denken Sie an ein Vorhaben, das Sie in absehbarer Zeit durchführen wollen oder müssen. Das kann ein Urlaub sein, eine Party, ein Seminar oder auch eine schwierige Situation im Beruf.

Welche Wünsche und Erwartungen haben Sie in bezug auf diese Situation? Wie sollte sie möglichst verlaufen, was wollen Sie für sich dabei erreichen? Malen Sie sich Ihre Ziele so genau wie möglich aus: kreativ, lebendig, voller Duft und Farben.

Stellen Sie sich nun bildhaft vor, wie Sie Ihre oben beschriebenen Talente in diese Situation einfließen lassen. Das sind *Ihre* Eigenschaften, hier sind Sie gut und können nur noch besser werden. Und mit diesen Eigenschaften werden Sie Ihr Ziel bestimmt erreichen!

Notieren Sie all Ihre Ideen, die Sie jetzt im Zusammenhang mit diesem Ziel haben, und ergänzen Sie diese Liste von Zeit zu Zeit. Notieren Sie dann jeweils dazu, welche Idee Sie in die Tat umgesetzt haben und welche Ergebnisse dabei erreicht wurden. So schaffen Sie sich eine breite Basis an Selbstmotivation auf der Grundlage Ihrer Eigenschaften und Ihrer individuellen Persönlichkeit!

Ihre Fähigkeit zur Selbstmotivation hängt natürlich auch davon ab, wie Ihre »geistige Nahrung« generell aussieht: Treffen Sie eine gezielte Auswahl, was zum Beispiel den Freundeskreis, die Bücher, die Sie lesen, oder Ihre Fernsehgewohnheiten angeht; auch hier geht Qualität eindeutig vor Quantität. Lesen Sie ein Buch über Erfolg, die Biographie eines großen Genies, einen Gedichtband oder ähnliches. Große Leistungen können ungemein anspornen – vorausgesetzt, die Distanz zum Ziel ist nicht allzu groß. Aber dann können Sie sich als Nacheiferer ja den Weg immer noch in kleine Etappen aufteilen und sich »Zwischenziele« setzen.

Wir möchten Ihnen auch raten, Ihre wichtigsten Motivatoren nicht so ohne weiteres preiszugeben: Wenn Sie sie in Ruhe für sich behalten, wird Ihre Kraft immer größer, und Sie können sie um so besser für Ihre Zwecke nutzen. Fangen Sie in den Bereichen an, wo Sie sowieso schon gut sind; dort läßt sich am leichtesten eine Steigerung erreichen. Und schon allein das feste Vertrauen auf diesen Mechanismus ist die einfachste und wirksamste Form der Selbstmotivation.

Tun Sie etwas für Ihre Gesundheit!

Ebenso wie Sie mit Hilfe von Gedankenbildern Ihre Selbstmotivation aufbauen, können Sie auch etwas für Ihre Gesundheit tun. Schon die geistige Beschäftigung mit Visionen, selbsterzeugten Traumbildern und Zielvorstellungen fördert die Ausschüttung von Endorphinen: Das sind körpereigene Hormone, die zum Beispiel auch beim Jogging freigesetzt werden. Sie haben schmerzstillende Wirkung und werden allgemein auch als »Glückshormone« bezeichnet. Der Neurophysiologe Gary Linch hat nachgewiesen, daß das bildhafte Gedächtnistraining uns durch ebendiese Hormone jung erhält (und deshalb vor allem bei den Damen immer beliebter wird).

Aber auch abgesehen von diesen biologischen Aspekten hat die Macht der Gedanken großen Einfluß auf unseren Gesundheitszustand. Zu diesem Thema schrieb einst Paracelsus:

»Die Macht der Imagination ist ein bedeutender Faktor in der Medizin. Sie kann Krankheiten verursachen ... und heilen. Krankheiten des Körpers können mit Hilfe von Arzneien geheilt werden oder dank der Macht des Geistes, der durch die Seele wirkt.«

Mit anderen Worten: Der Geist hat die Kraft, uns gesund zu machen.

Doch so weit wollen wir gar nicht in die Medizin einsteigen; wir bleiben bei unseren Imaginationstechniken und deren Anwendungsgebieten. Tun Sie etwas für Ihr Wohlbefinden! Es gibt unzählige Möglichkeiten, durch kreatives Visualisieren die positive innere Einstellung zu unterstützen und Gesundheit, Fitneß und Schönheit deutlich zu steigern. Wir schlagen Ihnen dazu auf der nächsten Buchseite gleich eine konkrete Übung vor.

Übung 36:
Verbessern Sie sich durch positive Gedankenbilder!

Denken Sie an eine Sportart, die Sie gerne (und möglichst regelmäßig) ausüben. Nun stellen Sie sich genau vor, wie Sie diese Sportart möglichst perfekt
ausüben und dabei immer besser werden. Wir zitieren aus dem Bestseller von
Shakti Gawain *(Stell dir vor)* über kreatives Visualisieren:

»Angenommen, du läufst gerne. Stell dir vor, wie du sehr schnell, geschmeidig
und leicht läufst. Denke dir beim Laufen, daß du mit jedem Schritt einen riesi-
gen Sprung machst und mühelos eine beträchtliche Strecke zurücklegst. Du
fliegst geradezu. Bekräftige in Entspannungsphasen, daß du täglich schneller,
stärker wirst und eine bessere Figur bekommst. Mal dir aus, wie du ein Rennen
gewinnst, falls du dieses Ziel hast.«

Solche Visualisierungen kann man entweder während des Trainings oder in
Entspannungspausen beziehungsweise beim Meditieren praktizieren. Und sie
lassen sich auf jedes beliebige Thema ausweiten. Kreieren Sie Ihre eigenen
Bildvorstellungen in bezug auf Ihre Gesundheit; Sie wissen am besten, wo
Ihre Schwachstellen liegen!

Sie werden sich wundern, an dieser Stelle ein paar Tips zum Thema Ernährung zu finden. Sie glauben aber nicht, wie sehr dieser Komplex auch mit der Funktion Ihres Gedächtnisses zusammenhängt.

■ Wenn Sie Probleme mit Ihrem Ernährungsverhalten haben, können Sie auch hier wieder das kreative Bilderdenken nutzbringend einsetzen: Stellen Sie sich möglichst intensiv und häufig vor, wie Sie nur noch das essen, was Ihnen guttut. Sehen Sie sich vor Ihrem inneren Auge dadurch täglich gesünder und schöner werden.

■ Außerdem können Sie die Leistungskraft Ihres Gehirns und damit auch Ihre Phantasie durch gezielte Auswahl bestimmter Lebensmittel noch steigern: Vollkornbrot, Müsli, Bananen und Kartoffeln liefern dem Gehirn Energie, Eisen (in magerem Fleisch, Gemüse, Sesam und Sonnenblumenkernen enthalten) versorgt es mit Sauerstoff, und auch Lecithin (in Eiern, Butter, Nüssen, Honig), Vitamin B (in Hefeflocken, Milch, Leber) und Zink und Kupfer (in Blumenkohl und Haferflocken) bringen Ihr Gedächtnis auf Trab. An erster Stelle steht jedoch nichts, was man essen oder trinken kann, sondern – der Sauerstoff: Gehen Sie regelmäßig an der frischen Luft spazieren, und atmen Sie dabei bewußt durch die Nase ein und aus. Ein täglicher Spaziergang von zehn Minuten Länge ist besser und wirksamer als ein wöchentlicher von einer Stunde Dauer.

Außerdem empfehlen wir vitaminreiche Nahrung für das Nervensystem, vor allem die Vitamine B_1 und B_{12}, die zum Beispiel in Vollkorn- und Sojaprodukten, Milch, Gemüse, Obst und Nüssen enthalten sind.

Machen Sie auch hier Ihre eigenen Beobachtungen und Erfahrungen; nutzen Sie Ihre Vorstellungskraft zum Wohle Ihrer Gesundheit, und Sie werden feststellen, daß Sie, je wohler Sie sich fühlen, um so mehr kreative Ideen erfolgreich in die Tat umsetzen.

Der visuelle Durchblick

Das ganze Leben besteht aus Polaritäten: schwarz und weiß, heiß und kalt, oben und unten, Tag und Nacht, Mann und Frau – Sie können diese Liste beliebig verlängern.

Indem man diese beiden Pole zueinander in Beziehung bringt und eine Analogie beziehungsweise eine Ähnlichkeit zwischen ihnen herstellt, schafft man eine Art Gleichgewicht. Es ist allerdings kein statisches Gleichgewicht, sondern ein wechselndes, das sich immer wieder aufs neue ausgleicht.

Es geht darum, die vorhandenen Gegensätze nicht nur gegeneinander abzuwägen, sondern sie auch miteinander auszubalancieren.

Dies gelingt am besten durch Analogiebildung, und das wiederum läßt sich mit kreativem Bilderdenken am einfachsten bewerkstelligen. Dann ist es kaum noch möglich, daß sich ein Ungleichgewicht über längere Zeit festsetzt.

Eine wichtige »Dualität«, die es für uns immer wieder ins Gleichgewicht zu bringen gilt, ist das Zusammenspiel von linker und rechter Gehirnhälfte, von Logik und Intuition. Roger Peters schreib in seinem Buch »Praktische Intelligenz«:

»Intuition steht am äußersten Punkt einer Skala, an deren anderem Ende wir den systematischen, methodischen und wachsamen Stil der logischen Intelligenz finden. Intuition ist die Bereitschaft, auf unsere vagen und flüchtigen Eingebun-

gen des Alltagswissens zu hören. Das Gegenteil der Intuition ist systematisches Planen, die Formulierung einer Strategie. Systematische Denker bevorzugen die auf der linken Gehirnhälfte angesiedelten, hierarchisch strukturierten Denkformen ...«

Betrachten wir diese beiden Enden der Skala nun *nicht* als unvereinbare Gegensätze, sondern versuchen wir, sie miteinander in Beziehung zu bringen, so stellen wir fest, daß sich durch die Kombination von logischer Intelligenz und Intuition oftmals ganz neue Lösungswege ergeben. Sicherlich wird mal die eine, mal die andere Seite überwiegen; was nicht passieren sollte, ist aber, daß Sie sich jeweils *nur* auf die Logik oder *nur* auf die Intuition verlassen.

Im Idealfall gelangen Sie zu Ihrer eigenen »kognitiven Komplexität«, einem Stil, der »eine Hauptkomponente für Erfolg im Wirtschaftsleben darstellt«.

»Es ist die Fähigkeit,« so schreib Peters, »große Informationsmengen durch Wechsel und Integration der Denkmodi der linken und rechten Gehirnhälfte zu verarbeiten.«

Versuchen Sie zum Spaß doch einmal, sich bei allem, was Sie tun, gleichzeitig das Gegenteil vorzustellen. Beobachten Sie dabei Ihre Gedanken.

Welche Eindrücke entstehen? Kommen Ihnen Ideen, die Sie bei dieser Beschäftigung oder zu diesem Thema noch nie hatten? Was läuft in Ihrem Inneren ab? Wenn Sie etwas normalerweise auf »logische« Weise erledigen, versuchen Sie es einmal auf die intuitive Art, und umgekehrt.

Nehmen wir an, Sie wollen ein neues Buch lesen. Normalerweise fangen Sie vielleicht beim ersten Kapitel an und lesen es von vorne nach hinten durch. Das ist der »logische« Weg. Nun versuchen Sie es einmal anders: Schlagen Sie das Buch einfach irgendwo auf, und beginnen Sie zu lesen. Sie spüren (intuitiv) sicherlich, was Ihnen gerade diese Seite »sagt«, wo sie Sie anspricht.

Das kann man ganz spielerisch mit vielen Dingen tun: Betrachten Sie einmal die Tätigkeiten in Ihrem Alltag mit der jeweils entgegengesetzten »Brille«, und entdecken Sie hier wieder Gegensätze und Ähnlichkeiten. Ihr kreatives Bilderdenken wird Ihnen dabei wertvolle Hilfe und Unterstützung sein. Lassen Sie Ihre Phantasie spielen, und Sie werden von den Ergebnissen überrascht sein.

Sie erreichen nie gekannte Höhen persönlicher Kreativität, Ihr Lösungsfindungs-Denken kann sich um ein vielfaches verbessern. Bald werden Sie in der Lage sein, gewissermaßen »auf Knopfdruck«, Ihre Sichtweise zu ändern und unter vielen Lösungsansätzen den leichtesten und erfolgversprechendsten auswählen.

Werden Sie freier und flexibler in der Gestaltung Ihres Lebens – rechtzeitig!

»Bei der Untersuchung der Gründe für die Unfähigkeit, die Situation unserer Industriegesellschaft zu begreifen, gewisse bestimmte Zusammenhänge im Verhältnis Mensch/Umwelt zu erkennen, stoßen wir auf die eigenartigen Lernformen unserer Schule und deren weit zurückreichende historische Wurzeln.« So schrieb Frederic Vester, Professor für »Interdependenz von technischem und sozialem Wandel«, in einem Aufsatz vor 20 (!) Jahren (nachzulesen in seinem Buch »Leitmotiv vernetztes Denken«, S. 45).

Damals schon kritisierte er, daß immer mehr Wissen ohne direkten Bezug zur Realität vermittelt wird: »Ein Lernen ohne Einsatz des Organismus und damit ohne Einbeziehung der Umwelt ist widernatürlich und unökonomisch.« Vester ist überzeugt davon, daß »ein effizientes Lernen immer nur beim Spiel erfolgen kann, wobei Spielen einen entspannten Zustand voraussetzt«. Da bei jeder Wahrnehmung der gesamte Organismus beteiligt ist, wird auch das Speichern und Verarbeiten von Informationen stark durch Emotionen beeinflußt:

»Wenn wir Lerninhalte mit Freude, Erfolgserlebnis, Verliebtsein, Neugier, Spaß oder Spiel verbinden, setzen wir also Lernhilfen ein, denen ganz konkrete biologische Mechanismen zugrunde liegen. Die Information wird weit besser verankert, als wenn sie isoliert eintrifft.«

Ein neues Verständnis der Wirklichkeit muß mit der Realität in Verbindung stehen.

173

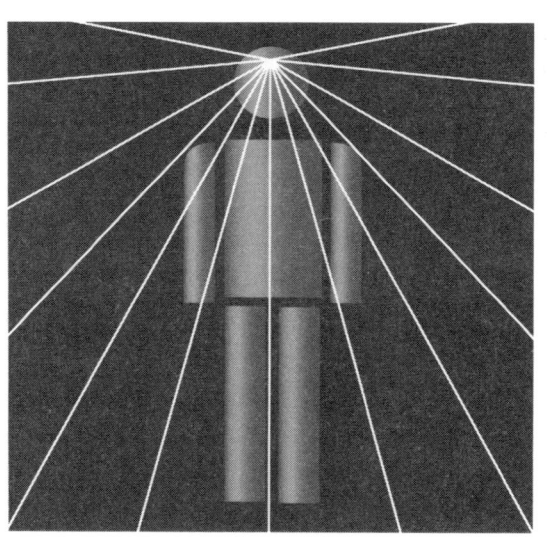

7

Intelligenz und Persönlichkeits- entfaltung

Mit Ihrer inzwischen schon zu Höchstleistungen trainierten Vorstellungskraft können Sie so manche Berge
in Ihrem Leben versetzen. In diesem Kapitel möchten
wir Ihnen ein paar Anregungen geben, wie Sie Ihre
Wirklichkeit immer mehr nach Ihren eigenen Vorstellungen gestalten und Ihren Erfolg gezielt steuern
können. Sie werden eine positivere Einstellung zum
Lernen gewinnen. »Mentaltraining« heißt das Zauber-
wort, mit dem Sie Ihre Persönlichkeit weiter entfalten
und Ihr Unterbewußtsein auf grenzenlosen Erfolg
programmieren können.

Intelligentes Lernen

Intelligenz, so schreibt Hauke Brost in seinem Buch »Jogging für den Kopf«, ist »eigentlich nichts anderes ... als die Fähigkeit, Dinge aus ihrem angestammten Zusammenhang herauszulösen (zu abstrahieren) und in einen neuen Zusammenhang hineinzustellen. Oder, andersherum: scheinbar sinnlos zusammengewürfelte Einzelteile zu einem sinnvollen Ganzen zusammenzufügen.«

Noch bis vor einigen Jahren vertraten Wissenschaft und öffentliche Meinung gern die These, daß Intelligenz angeboren sei und sich somit nicht steigern lasse. Inzwischen aber ist das Gegenteil erwiesen: Intelligenz ist sehr wohl trainierbar. Jeder Mensch hat die Möglichkeit, sein geistiges Potential zu schulen und um einiges zu steigern.

Zum Beispiel kann jeder Erwachsene beim Memory-Spiel gewinnen, wenn er lernt, seine Phantasie und sein Vorstellungsvermögen wieder genauso unbefangen und selbstverständlich zu gebrauchen wie die Kinder. Aus den bisher wenig genutzten oder gar unentdeckten Geistesfähigkeiten kommt oft die größte Motivation, und Motivation ist ja, wie wir schon gesehen haben, der beste Ansporn für Fortschritt und Erfolg.

Mit Hilfe des Textes auf den nächsten Seiten und Ihres bildhaften Vorstellungsvermögens können Sie Ihr Wissen, Ihre Intelligenz und Ihre Fähigkeiten ohne große Anstrengung deutlich steigern. Diese »Lern-Methode« wird Ihnen vielleicht etwas seltsam vorkommen, so gar nicht wissenschaftlich oder logisch. Versuchen Sie es trotzdem: Nehmen Sie sich etwas Zeit, und lesen Sie den Text langsam und wenn möglich auch laut. Nehmen Sie jeden einzelnen Satz in Ihr Bewußtsein auf, und lassen Sie die Worte und Gedanken auf sich wirken. Wenn Sie möchten, können Sie sich den Text auch noch einmal auf ein Blatt Papier abschreiben und an einem Ort aufhängen, wo Ihre Blicke im Laufe des Tages ab und zu darauf fallen – Sie werden über die Wirkung erstaunt sein!

Sprechen Sie den Text auch auf Kassette auf, und hören Sie ihn sich abends vor dem Einschlafen an, wenn Sie ganz entspannt sind. Sie werden deutliche positive Veränderungen in Ihrem Verhalten und Ihren Gedanken bemerken.

Intelligentes Lernen

Ich gewinne eine neue Einstellung zum Lernen.

Ich betrachte das Phänomen des Lernens mit ganz neuen Augen. Ich erweitere meinen Horizont, bin flexibel und denke positiv. Es wird mir immer klarer, daß meine eigene Sichtweise die Wissensverarbeitung entscheidend beeinflußt.

Ich erinnere mich an Augenblicke, in denen ich völlig freiwillig lernte.

Ich versetze mich in eine Zeit zurück, als ich noch mehr wissen wollte.

Ich denke an ein Ereignis, als mir spontan etwas klarwurde.

Ich erinnere mich an Momente in meiner Jugend, als mein Interesse für etwas sehr groß war.

Ich male mir eine Situation aus, in der ich durch eine Steigerung meines Interesses deutliche Vorteile erzielte.

Inspiration ist eine sehr starke Motivationsquelle. Dieser Text weckt Talente, die bisher unentdeckt in mir schlummerten.

Mit jedem Tag gewinne ich eine positivere Einstellung zum Lernen. Ich lerne freiwillig und habe dabei ein Ziel vor Augen. Auch Zielbilder motivieren sehr stark. Die Resultate, die ich erwarte, treten dadurch schneller ein. Wenn ich eine gute Idee habe, bemühe ich mich, längere Zeit auf der Wellenlänge dieser Idee zu bleiben. Wenn ich ein positives Gefühl spüre, entspanne ich mich und halte dieses Gefühl eine Weile konzentriert fest. Ich stelle mir positive, aufbauende Gedanken in einem Bild vor, um sie mir je-derzeit wieder leicht in Erinnerung rufen zu können.

Ich lenke meine kreative Phantasie auf meine Lernziele.

Lernen kann etwas ganz anderes sein, als es bisher für mich war. Lernen kann ein Abenteuer sein. Wenn ich etwas lerne, was meinen Neigungen entspricht, dann lerne ich mich selbst noch ein wenig besser kennen. Lernen mit wachsendem, begeistertem Interesse kann ein ständiger Prozeß der Selbstentfaltung sein.

Interessante Lernthemen können »innere Saiten« in mir zum Klingen bringen und positive Gedanken und Empfindungen wecken. Lernen kann ein Wechselspiel zwischen mir selbst und dem Lerngebiet sein. Lernen kann aus Dunkel Licht gebären. Durch besseres Erkennen der Grundlagen erreiche ich nach und nach immer mehr Durchblick; die Geistesblitze kommen durch spontane Erkenntnis, vor allem dann, wenn ich mir das Gelernte bildhaft vorstellen kann.

Die Bilder werden immer klarer, die Umrisse immer deutlicher. Verschiedene Bilder lösen unterschiedliche Gedanken und Gefühle in mir aus. Ich pflege meine positiven Zielbilder und schmücke sie immer lebendiger aus. Mit der Steigerung meiner Vorstellungskraft kann ich die Zielbilder beliebig verändern, umformen, steuern und anpassen. Ich kann Produkte meiner Phantasie in die Wirklichkeit einblenden und so lange umformen, bis sie in die Realität passen. Ich vereinfache die Bilder und Vorstellungen, bis sie leicht realisierbar sind.

Das Lernen wird immer interessanter.

Ich bekomme klaren Einblick in wesentliche Grundlagen und habe täglich neue interessante Erkenntnisse. Ich lerne, meine Ideen auszugestalten, und verbessere meine Umgebung.

Meine Freude am Lernen steigert sich zur Begeisterung, und ich werde von Tag zu Tag intelligenter und motivierter.

Je öfter Sie sich mit diesem Text befassen, um so vertrauter werden Ihnen die Gedanken werden. Ganz von selbst werden Sie auf Ideen und Lösungen stoßen, wo Sie früher nie welche vermutet hätten.

Gibt es einen einfacheren Weg, um zu lernen, von Tag zu Tag immer intelligenter zu handeln?

Mentaltraining:
So programmieren Sie Ihr Unterbewußtsein auf Erfolg

Viele Sportler nutzen heutzutage die Techniken des Mentaltrainings, um ihre Leistungsfähigkeit zu steigern und immer noch bessere Ergebnisse zu erzielen. Vor einem wichtigen Wettkampf ziehen sie sich für ein paar Minuten zurück und entspannen sich; und in diesem entspannten Zustand erleben sie den Wettkampf, das Spiel, den Abfahrtslauf oder die Sportart, die sie ausüben, vor ihrem geistigen Auge. Sie sehen sich selbst in absoluter Spitzenkondition agieren, noch besser als beim letzten Mal – schneller, weiter, höher.

Das können Sie auch! Nutzen Sie Ihre bildhafte Vorstellungsgabe, um Ihre Lebensziele schneller und sicherer zu erreichen. Sie wissen ja: Je intensiver, farbiger und lebhafter Sie sich Ihr Ziel vorstellen, um so leichter wird es sich realisieren (lassen). Denn:»Jede bildhafte Vorstellung, von der Sie erfüllt sind, hat das Bestreben, sich zu verwirklichen.« So schreibt Kurt Tepperwein in seinem zum Standardwerk gewordenen Buch»Kraftquelle Mentaltraining«. Und weiter:»Ein sehr wichtiger Teil des Mentaltrainings ist daher die gezielte Imagination. Im übrigen haben Imaginationstechniken den Vorteil, daß sie Ihnen den Erfolg Ihrer Bemühungen von Anfang an immer wieder vor Augen führen. Auf diese Weise haben Sie, wann immer Sie sich auf Ihr Ziel konzentrieren, ein inneres Erfolgserlebnis.«

Unser Gedächtnistraining ist also auch hier wieder eine wichtige Voraussetzung. Je öfter Sie die lustigen Bildverknüpfungen im Alltag üben, um so geläufiger werden Ihnen gedankliche Vorstellungen von»normalen«ebenso wie absurden Situationen, und um so leichter fällt es Ihnen, sich vorzustellen, wie es denn aussieht, wenn Sie Ihr gestecktes Ziel dann tatsächlich erreicht haben. Das sieht auch Kurt Tepperwein so:

»Je plastischer Sie übrigens Ihr inneres Bild von dem erwünschten Endzustand gestalten, um so stärker kann sich Ihre Vorstellung mit Energie aufladen, und je öfter Sie dieses Bild vor Ihrem inneren Auge sehen, um so wahrscheinlicher wird seine Verwirklichung.«

Beispiel

Sie wünschen sich seit längerem ein neues Auto.

■ **Sehen** Sie sich auf Ihrem inneren Bildschirm genau an, wie es aussehen soll. Stellen Sie sich die Farbe des Autos vor, den bunten Bezugsstoff der Sitze, sehen Sie Ihr neues Auto in Ihrer Garage stehen.

■ **Hören** Sie das Geräusch, das Ihr Motor beim Start macht; wie hört es sich an, wenn Sie mit 50 oder 80 Stundenkilometern fahren?

■ **Spüren** Sie das gute Gefühl, das Sie haben, wenn Sie mit Ihrem Traumauto fahren. Wie fühlt sich das Lenkrad an, der Schalthebel? Sie sitzen entspannt hinter dem Lenkrad und genießen das neue Fahrgefühl ...

■ **Riechen** Sie das neue Auto: Anfangs wird es noch sehr nach »Fabrik« riechen, doch schon bald können Sie es mit Ihrem Lieblingsduft erfüllen. (Eine Bekannte von mir hat in ihrem Neuwagen eine Woche lang jeden Tag ein wenig von ihrem Lieblingsparfüm versprüht – und schon nach kurzer Zeit roch das Auto ganz dezent nach ihr, und sie konnte sich damit identifizieren und darin wohl fühlen.) Welchen Geruch wird Ihr Auto haben?

■ Mit dem **Schmecken** wird es im Zusammenhang mit einem neuen Auto schon etwas schwieriger – können Sie vielleicht das Vergnügen »schmekken«, das Sie empfinden werden, wenn Sie damit über die Autobahn sausen? Lassen Sie Ihre Phantasie ruhig ein wenig spielen!

Übung 37: Ihr wichtigstes Ziel

Und nun schlagen Sie bitte noch einmal Seite 135 auf. Dort haben Sie eine Liste mit Ihren acht wichtigen Zielen für die nächsten fünf Jahre erstellt. Greifen Sie von diesen Themen eines heraus, das Ihnen sehr viel bedeutet:

Und nun machen Sie dieselbe Übung, die wir eben mit dem neuen Auto gemacht haben, mit Ihrem persönlichen Ziel.

Bei solchen Übungen müssen natürlich nicht unbedingt immer alle fünf Sinne einbezogen werden; doch je mehr Ebenen Sie in Ihre Phantasiegestaltung mit einflechten, um so intensiver und plastischer läßt sich das Gesamtbild gestalten. Und je öfter Sie auf diese Weise Ihre eigenen Wunschvorstellungen in Gedanken ausgestalten und mit Farbe, Leben und Bewegung ausschmücken, um so nachhaltiger werden sie sich in Ihrem Unterbewußtsein festsetzen.

Nach C. G. Jung hat das Unterbewußtsein einen weitaus größeren Einfluß auf die Erfolge des Tagesgeschehens, als uns normalerweise bewußt ist. Das wachbewußte Denken ist nur die Spitze des Eisbergs; die Erfahrungen, Erinnerungen und nächtlichen Träume, die im Unterbewußtsein gespeichert sind, haben mehr Macht, als allgemein angenommen wird. Deswegen sollten Sie in Ihrem

Unterbewußtsein immer wesentlich mehr positive Bilder und Erlebnisse speichern als negative. Es wird sich zwar nicht ganz vermeiden lassen, daß Sie auch Dinge erleben, die Ihnen unangenehm sind oder die Sie so nicht erfahren wollten. Aber es gibt ein gutes Rezept, mit dem Sie verhindern können, daß solche Erlebnisse in Ihrer Vorstellung einen zu breiten Raum einnehmen: Beleben Sie alles Erfreuliche – Ihre Erfolgserlebnisse, berufliche Fortschritte, private Glücksmomente, und so weiter – mit noch mehr Energie; dadurch geben Sie den »negativen« Elementen automatisch weniger Raum. Wenn Sie dann auch noch Ihre Zielbilder möglichst lebendig und bildhaft ausschmücken und in Gedanken immer wieder hervorholen, schaffen Sie eine »Übermacht« an positiven Eindrücken, die Sie zuverlässig zum Erfolg führen wird.

Die Erfolgsprogrammierung Ihres Unterbewußtseins kann darüber hinaus viele Talente und Eigenschaften in Ihnen wecken und fördern, die Ihnen bisher gar nicht bewußt waren:

- Ihre wahre Kreativität;

- neue Lösungsansätze und neues Lösungsfindungsdenken;

- Entscheidungskraft und den Mut, Ihr Leben positiv zu verändern;

- den kleinen Funken, der, wenn Sie ihn entdecken und fördern, ein Genie aus Ihnen macht.

Dazu ist natürlich schon ein gewisses Maß an Konsequenz und Fleiß und auch regelmäßige Übung nötig. Denken Sie einmal an einen Luftballon: Solange er klein ist, sieht man den Aufdruck nicht; erst wenn er aufgeblasen ist, kann man die Aufschrift richtig lesen. Genauso ist es mit Ihren Talenten und Erfolgserlebnissen: Wenn Sie »am Ball« bleiben, können Sie sie schneller entdecken und weiter vervollkommnen.

Entwickeln Sie Ihre Persönlichkeit!

Wir möchten Ihnen nun noch einen weiteren Text vorstellen, den Sie auch auf Tonkassette sprechen und beim Einschlafen anhören können. Er verbindet das Thema »Lernen« mit dem Unterbewußtsein, mit Phantasie und Kreativität; er faßt im Grunde all das zusammen, was wir Ihnen auf den letzten Seiten vermittelt haben. Deshalb werden Ihnen einige Gedanken daraus sicherlich schon bekannt vorkommen. Wenn Sie möchten, können Sie sich diesen und auch den vorigen Text auf Kassette sprechen und diese dann regelmäßig anhören. Das hat eine intensive Wirkung. Versuchen Sie es einmal!

Die Kassette hören Sie sich am besten abends oder in entspanntem Zustand an, dann entfalten die Aussagen eine noch größere Wirkung in Ihrem Unterbewußtsein.

Übernehmen Sie aber nur die Sätze des Textes, die Ihnen einleuchten. Wenn Sie mit der einen oder anderen Aussage Schwierigkeiten haben, zwingen Sie sich auf keinen Fall dazu und lassen Sie diese Aussage einfach weg. Und wenn Ihnen ein Satz besonders gut gefällt, sprechen Sie ihn ruhig zweimal auf Band.

Sie werden staunen, wie sehr diese auf den ersten Blick vielleicht etwas unkonventionelle Methode Ihr positives Denken fördert und die Entwicklung Ihrer Persönlichkeit vorantreibt!

Persönlichkeitsgewinn

Motivation, Inspiration und Phantasie sind wichtig für mich. Mit ihrer Hilfe kann ich mein Leben zum Positiven hin verändern. Ich wünsche mir neue Ideen. Dieser Text weckt Talente, die bisher unentdeckt in mir schlummerten. Ich kann große Fähigkeiten entfalten, wenn ich es nur konsequent und ausdauernd will.

Ich erschaffe mir eine neue Welt. Ähnlichkeiten, Prinzipien und Gesetzmäßigkeiten sind um so leichter erkennbar, je mehr ich sie in Beispiele und Bilder kleide. Ich gewinne Abstand zu meinen eigenen Betrachtungen und sehe das Leben von einer höheren Warte aus – mit dem Adlerblick. Durch meine Gedanken und meine Einstellung bestimme ich das Tempo meiner Entwicklung selbst.

Morgen beginnt ein neuer Tag, und ich werde mehr wissen, als ich heute weiß. Ich lerne, was mich interessiert, und ich interessiere mich für das, was ich lerne. Ich lerne einfach aus meinen Erfolgen. Dies ist eine schöne Welt. Ich lerne gerne, sehr gerne.

Ich treffe die Menschen, die für meine Entwicklung wichtig sind. Ich inspiriere meine Freunde. Es gilt, positiv zu denken und positiv zu empfinden. Mit jedem Gedanken erschaue ich eine innere Wirklichkeit, die meine Worte und Taten formt. Ich kann die Richtung meines Lebens in jedem Augenblick neu bestimmen.

Meine Fähigkeiten auf allen Gebieten blühen auf wie eine Blume in der Sonne. Ich finde geeignete Lösungen für mich und andere. Aus Veränderungen lerne ich am meisten. Ich nutze die Veränderungen für meine Zwecke. Ich bringe neue Informationen mit bereits vorhandenen Kenntnissen in Zusammenhang. Ich gestalte die Informationen so lange um, bis sie in meine Richtung passen. Erfolgversprechende Lernprozesse kann ich im voraus planen. Ich sehe motivierende Resultate, die mich weiterbringen. Den Vorsprung, den ich errungen habe, nutze ich weiter für meine beglückenden Ziele.

Ich bin ein wertvoller Mensch. Ich entdecke auch Werte in anderen Menschen und spreche sie auf ihre schlummernden Talente an. So erkenne ich gleichzeitig auch mich selbst immer besser. Ich erkenne meine ganz persönlichen, speziellen Fähigkeiten. Ich bin einmalig.

Die »Falle« für Anfänger

Das klingt ja alles ganz gut, werden Sie denken; und wenn Sie all das befolgen, was wir Ihnen bisher aufgezeigt haben, werden Sie in Kürze Herr und Meister über Ihr Leben sein und von einem Erfolg zum nächsten schweben. Ganz so einfach ist es natürlich nicht. Wir haben ja schon mehrmals darauf hingewiesen, daß Sie eine ganze Menge Geduld und Konsequenz brauchen werden.

Und noch eines ist sehr wichtig: Ausdauer und Beharrlichkeit.

Lassen Sie sich auf keinen Fall durch nur rein materielle Ziele verblenden. Die Art geistiger Beschäftigung und persönlicher Weiterentwicklung, die wir hier betreiben, erfordert einen Charakter, der über den Tellerrand des eigenen Ichs hinaussieht und das Ganze im Blick behält.

Sehen Sie die Welt aus der Adler- und nicht aus der Maulwurfsperspektive!

Neueste Erkenntnis der Traumforschung

In einem Artikel der Zeitschrift *Focus* wird über den neuesten Stand der Traumforschung eingehend berichtet:»Wissenschaftler sind dem Sinn und Zweck von Träumen auf der Spur«, heißt es dort. Und weiter:»Die neueste Erkenntnis: Unser Gedächtnis trainiert sich nachts.«

Besonders in der REM-Phase (Rapid Eye Movement), während der wir am intensivsten träumen, ist das Gehirn beinahe so aktiv wie im Wachzustand.

In Versuchsreihen wurden schlafende Testpersonen aus dem REM-Schlaf geweckt und per Computer getestet. Sie sollten zum Beispiel blitzschnell Begriffspaare erkennen. Das Ergebnis war erstaunlich:»Wer aus dem REM-Schlaf kommt, hat mit solchen Aufgaben keine Schwierigkeiten (...), er ist zum Beispiel viel schneller, als wenn er aus dem Tiefschlaf geweckt wird.« (*Focus*)

Über Sinn und Funktion unserer Träume versuchen sich die Wissenschaftler und Traumforscher seit Jahrzehnten zu einigen. Es gibt die verschiedensten Theorien zu diesem Thema:

- Träume sind ein Spielplatz für unbewußte Wünsche, die tagsüber durch das Bewußtsein unterdrückt werden.

- Träume sind schlichtweg eine Gymnastik unserer Gedanken und individuell ganz verschieden.

- Träume sind eine nächtliche Säube-

rungsaktion für unser Innenleben, bei der Informationen eingeordnet oder aussortiert werden.

- Träume sind eine Art Aufwärm- und Gedächtnistraining für den kommenden Tag, bei dem wir Erlebnisse und Konflikte verarbeiten.

- Träume sind notwendig, damit wir Neues lernen und diese Informationen im Gedächtnis abspeichern und vernetzen können.

Wir träumen, um den eigenen Informationsstatus zu ändern. Vielleicht ist es eine Art Gedächtnistraining, vielleicht Verfestigung, vielleicht Reorganisation des Gedächtnisses.

Der Neuropsychologe Avi Karni vom Weizmann-Institut in Rehovot (Israel) hat nun in seinen Forschungen nachgewiesen, daß »das Lernen von spezifischen Aufgaben, wie Lesen und Maschinenschreiben, eng an den REM-Schlaf geknüpft ist, nicht direkt an Traum-Inhalte, aber an die Gehirnaktivität, während wir träumen.« Versuchspersonen, die im Schlaflabor übernachteten und dort immer in der REM-Phase aufgeweckt wurden, konnten bei Tests am nächsten Tag nicht den kleinsten Lernerfolg nachweisen. Also: Kein Lernen ohne Träume!

Ungeklärt ist allerdings noch, *wie* wir im Traum lernen. Die Vermutung des Wissenschaftlers:»Im REM-Schlaf werden neue Verknüpfungen gefestigt. Die Informationen sind dann schneller und sicherer abrufbar.«

Die Erregung der Nervenzellen führt zu chaotischen Bildern und Situationen; das Gehirn versucht, diese sinnvoll zusammenzufügen. Welche Bilder und Szenen dann daraus entstehen, das hängt von jedem einzelnen persönlich ab und davon, was er tagsüber erlebt hat. Erinnern können wir uns an einen Traum allerdings oft nur, wenn wir mittendrin aufwachen.

Unser Wachbewußtsein: nur die Spitze des Eisbergs

Der Schweizer Psychologe C.G.Jung beweist in seinen Schriften, daß alles Unbewußte – alle Bilder und Eindrücke, die wir während des Tages aufnehmen und wieder aus dem Bewußtsein verdrängen, und vor allem unsere nächtlichen Träume – einen weitaus größeren Einfluß auf unser Tagesgeschehen hat, als wir glauben. Er vergleicht das Wachbewußtsein mit dem Wind, der auf einen Eisberg bläst: Selbst der stärkste Sturm kann die Strömungsrichtung des Eisbergs nicht beeinflussen; da der Eisberg nämlich zu zwei Dritteln unter Wasser liegt, wird die Richtung von der Wasserströmung dirigiert. Und so bestimmt bei uns eben oft das Unterbewußtsein den Tagesablauf viel stärker als das Wachbewußtsein. Wenn Sie nun versuchen, Ihre Träume bewußter zu gestalten, haben Sie dadurch automatisch auch mehr Einfluß auf das, was sich im Wachzustand abspielt. Vor allem die Gedanken und Gefühle, die Sie in den letzten Minuten vor dem Einschlafen haben, setzen sich bis zu zwei Stunden auf der Traumebene fort und können unter Umständen Träume zum gleichen Thema auslösen.

Eine kleine Übung für den Alltag: Denken Sie vor dem Einschlafen einmal an den Moment und Ort Ihrer allerersten Begegnung mit Ihrem Partner oder Ihrer Partnerin. Damals waren alle Wünsche, Pläne, Ideen und Erwartungen noch sehr positiv, ungetrübt von irgendwelchen negativen Ereignissen. Stellen Sie sich dieses Bild ein paar Tage lang regelmäßig vor dem Einschlafen vor. Eines Morgens werden Sie aufwachen und verliebt sein wie am ersten Tag ...

Wichtigster Punkt: Lassen Sie Ihren Partner/Ihre Partnerin zuerst üben!

Im Grunde ist diese Übung eine ganz einfache Form der Selbstmotivation mit Unterstützung durch das Unterbewußtsein. Sie können das Ziel, das Sie erreichen wollen, in eine positive Suggestion packen, wie wir es auf S. 177 f. und 183 f. beschrieben haben; Sie können sich aber auch ein Bild, einen kleinen »Film« davon machen und ihn jeden Abend vor dem Einschlafen abspielen. So lassen sich Ihre Träume – und Ihre Motivation – bewußt steuern.

Nun noch ein Beispiel für die Umsetzung im Beruf:

Nehmen wir an, Sie wollen als Verkäufer mehr Erfolg haben. Denken Sie an einen Moment, eine Situation oder einen Zeitabschnitt zurück, wo Sie diesen Erfolg tatsächlich hatten. Spüren Sie noch einmal ganz intensiv das wunderbare Gefühl von damals, schwelgen Sie so richtig in wunderbaren Erinnerungen. Und dieses Gefühl nehmen Sie mit in den Schlaf. Schon nach ein paar Tagen springen Sie vielleicht morgens aus dem Bett und wissen: Heute verkaufe ich *alles!*

Wenn Sie in Ihrer Vorstellung mehrere Erfolgserlebnisse hintereinander anpeilen, verstärken Sie die positive Wirkung.

Einen ähnlichen Einfluß auf Ihre Motivation und innere Haltung hat es, wenn Sie diese Übungen morgens gleich nach dem Aufwachen durchführen – also solange Sie noch im Halbschlaf sind. Dann ist das Unterbewußtsein am empfänglichsten für derartige Bilder, dann ist es am ehesten zur Mitarbeit bereit.

In einem Buch von Roy Eugene Davis, *Die Macht der Seele als erlebte Wirklichkeit,* finden wir eine Anleitung, wie wir mit Hilfe unserer Phantasie einen Wunsch oder ein Ziel in einen »Traum« verwandeln und so ganz gezielt verwirklichen können:
1. »Wir müssen wissen und uns vollkommen darüber im klaren sein, was wir gerne materialisiert sehen möchten, und es genau umgrenzen. Die Form, den Stoff, die Farbe müssen wir deutlich vor uns sehen.« (S. 173) Das heißt, je präziser unser Bild in der Phantasie ist, um so größer sind die Chancen, es zu realisieren.

2. »Wir beginnen zu fühlen, daß das Gewünschte schon Form angenommen hat.« Wir halten also das gedankliche Modell, das Phantasiebild auf der mentalen Ebene fest, »mit dem festen Vertrauen, daß unser Wunsch Erfüllung findet«, und nehmen es bereits als etwas Reales an, als ob es tatsächlich schon existierte.

3. Nun verhalten wir uns auch nach außen hin entsprechend: »Wo wir gehen und stehen, richten wir unsere Gefühle, Gedanken und Handlungen auf unser Wunschbild aus, (...) mit anderen Worten, wir tun, als sei unser Wunsch schon in Erfüllung gegangen. Ein solches inneres Verhalten, als ob der Traum schon Wirklichkeit sei, bringt automatisch alle Hebel zur Erfüllung in Bewegung.« (Roy Eugene Davis, *Die Macht der Seele als erlebte Wirklichkeit*, S. 173)

4. Wir sollten diese schöpferische Kraft unserer Phantasie und unserer »Träume« nicht nur für unsere ganz persönlichen Zwecke nutzen, sondern auch zum Wohl anderer Menschen oder der Allgemeinheit.

Soweit also zum bewußten und gezielten Umgang mit (Tag-)»Träumen«. Auch Davis ist jedoch der Ansicht, daß die nächtlichen Traumsequenzen zum Großteil ohne direkten Alltagsbezug sind: »Viele in Träumen und Visionen erscheinende Dinge haben keinerlei Bedeutung für unser Wohlergehen. Oft sind sie das Produkt unbewußter Gedankenverbindungen, die aufgerührt wurden und nun auf dem Bildschirm des Gemütes erscheinen.« (S. 176)

Mit solchen »aufrührenden« Impulsen wurde auch im Sigmund-Freud-Institut in Frankfurt experimentiert:

Den Versuchspersonen wurde ein Reiz unterhalb der normalen Wahrnehmungsschwelle zugespielt. Zum einen handelte es sich um ein zu schnell abgespieltes Tonband mit dem Satz »Andrea fährt Karussell«, zum anderen wurde für Sekundenbruchteile ein Bild von Strand und Palmen gezeigt, auf dem die Elemente hauptsächlich mit dreieckigen Formen gezeichnet waren. Wenn die Kandidaten dann in der REM-Phase geweckt wurden und ihren Traum zeichnen sollten, tauchten in der einen Gruppe viele Elemente eines Jahrmarktes auf; die andere Gruppe malte ihre Traumbilder mit außergewöhnlich vielen Dreiecken: Segel, Sonnenschirme, Haifischflossen, dreieckige Sonnenbrillen ... *(Focus)*

Diese Versuche wiesen deutlich darauf hin, daß das Unterbewußtsein Wahrnehmungen und Erinnerungen verarbeitet, die unser Wachbewußtsein nicht einmal registriert. Auf der anderen Seite können wir aber, wie oben beschrieben, auch mit einem selbstgestalteten Wunschbild, einem »Traum-Auftrag« in den Schlaf gehen und so die kreativen Kräfte unseres Unterbewußtseins für unsere Zwecke einsetzen.

Auf jeden Fall aber sollte man niemals mit Gedanken an Kummer, Sorgen oder Probleme einschlafen, denn das Unterbewußtsein arbeitet damit unwillkürlich weiter.

Wir möchten Sie noch einmal auf den Text zum »Persönlichkeitsgewinn« hinweisen, den wir Ihnen auf S. 183 f. vorgeschlagen haben. Wenn Sie diese Sätze auf Kassette sprechen und eine Zeitlang (zum Beispiel ein paar Tage) regelmäßig vor dem Einschlafen anhören, hat Ihr Unterbewußtsein genügend »Motivationsstoff« für die Nacht, und die Erfolge werden Ihnen »wie im Schlaf« zufallen... Sie müssen es nur wollen.

Für den Fall, daß Sie diesen Text als Tagesabschluß und Überleitung zum Schlafen benutzen möchten, ergänzen Sie ihn noch um die folgenden Sätze:

Ich höre mir diese Kassette jeden Abend beim Einschlafen an. Bald kann ich den Text auswendig. Bevor ich ganz einschlafe, steuere ich meine Tagträume in die gewünschte Richtung und halte sie in einem lebendigen und bunten Bild fest.

Ich denke an eine Lieblingsmelodie und kann die Melodie mit meinem Bild verbinden.

Das Bild kann ich ein paar Minuten lang vor meinem inneren Auge festhalten. Im Tiefschlaf trete ich dann ein in das Licht der Erkenntnis und bin eins mit dem natürlichen Wissen des Universums.

Noch wirkungsvoller können Sie mit einer Zeitschaltuhr arbeiten, die Sie morgens mit Ihrer Lieblingsmusik und Ihrer eigenen Stimme vom Band weckt.

Ein paar Anregungen zur Traumsteuerung

Zum Schluß möchten wir Ihnen noch ein paar ganz konkrete Hinweise und Anregungen zur Traumsteuerung geben. Nur etwa jeder zehnte Mensch erinnert sich morgens noch an einen Traum, jeder zwanzigste weiß gar nichts von seinen nächtlichen Ausflügen. Aber auch das können Sie mit etwas Geduld ändern: Befehlen Sie einfach Ihrem Unterbewußtsein mitzuarbeiten. Dann können Sie vieles »im Schlaf« erreichen, was Ihnen tagsüber nahezu unmöglich scheint. Aktive Traumarbeit läßt sich auf verschiedene Arten betreiben:

1.
Sie lernen, sich an Ihre Träume zu erinnern

Bevor Sie einschlafen, denken Sie an etwas Angenehmes, versetzen Sie sich in eine positive, gelöste Stimmung. In diesem Zustand sagen Sie sich (das heißt in dem Fall: Ihrem Unterbewußtsein):

Wenn ich morgen aufwache, werde ich mich an meinen Traum erinnern. Je stärker Sie davon überzeugt sind, daß das möglich ist, um so eher werden Sie es tatsächlich erleben. Anfangs brauchen Sie etwas Geduld, doch Sie werden fest-

stellen, daß Sie sehr schnell Spaß an Ihrer Traumbeobachtung bekommen – und dann wird es Ihnen automatisch leichter fallen, sich morgens an Ihre nächtlichen Ausflüge zu erinnern.

Am besten führen Sie vier Wochen lang ein Traum-Tagebuch: Legen Sie sich Papier und Schreibzeug neben das Bett, dann können Sie gleich nach dem Aufwachen in Stichpunkten festhalten, was Sie geträumt haben. Schon nach wenigen Wochen werden Sie morgens ganz automatisch wissen, was sich in Ihren Träumen zugetragen hat.

2.
Sie lösen eine Aufgabe »im Schlaf«

Wenn Sie abends beim Einschlafen noch über etwas nachgrübeln, wenn Sie ein Problem haben oder am nächsten Tag eine schwierige Situation bewältigen müssen, wird es Ihnen nicht so leicht gelingen, mit angenehmen Gedanken in den Schlaf zu gehen.

Es sei denn, Sie drehen den Spieß einfach um: Sehen Sie vor Ihrem inneren Auge, wie Sie mit diesem Problem spielend zurechtkommen! Machen Sie sich einen kleinen Film, in dem Sie die Hauptrolle spielen, und seien Sie in diesem Film souverän und erfolgreich. Lassen Sie Ihre Phantasie spielen; es ist überhaupt nicht wichtig, daß die Filmhandlung realitätsnah oder in die Praxis umsetzbar ist. Worauf es in diesem Moment ankommt, ist nur, daß Sie nicht mit negativen Gedanken in den Schlaf gehen (»Wie soll ich das morgen bloß schaffen?«), sondern daß Ihr Unterbewußtsein Impulse zur Lösungsfindung bekommt, und seien diese noch so absurd.

Außerdem können Sie, kurz bevor Sie einschlafen, noch etwas tun: Sie befehlen Ihren Träumen, dafür zu sorgen, daß Sie am nächsten Tag die richtige Verhaltensweise parat haben werden. Es passiert öfter, als Sie vielleicht denken, daß man mit einem Problem schlafen geht – und am nächsten Morgen die Lösung einfach *weiß*.

Ein ganz berühmtes Beispiel für eine solche »Traum-Lösung« ist der Chemiker Kekulé, der schon seit langem nach der richtigen Formel suchte, um Benzol darzustellen.

Eines Nachts hatte er im Traum eine Vision von Affen, die miteinander im Kreis tanzten, und einer Schlange, die sich selbst in den Schwanz biß. Das war seine Lösung: ein Ring! Auf feineren Bewußt-seinsebenen formen Bilder sich leichter zu einer Synthese.

3.
Sie greifen aktiv
in Ihren Traum ein

Das ist schon eine Stufe für fortgeschrittene »Träumer«: Sie geraten im Traum in eine Situation, die Ihnen nicht behagt, Sie werden sich dessen bewußt (»So will ich das aber nicht träumen!«) – und ändern Ihr Verhalten, als wären Sie hellwach. Wenn Ihnen so etwas gelingt und Sie sich am folgenden Morgen noch daran erinnern können, dann schreiben Sie es unbedingt auf: Das ist eine Sternstunde Ihres Bewußtseins!

Denn das heißt, daß Sie auf der Ebene der Träume inzwischen schon genauso mitdenken und mitgestalten können wie im normalen Wachbewußtsein.

4.
Sie wissen, daß Sie
sich im Traum befinden

Das ist eine ähnlich fortgeschrittene Stufe wie die vorige. An irgendeiner Stelle in der Traumhandlung wird Ihnen klar bewußt, daß Sie sich auf der Traumebene befinden. Selbst wenn Sie etwas Unangenehmes erleben, haben Sie doch die Gewißheit, daß Sie bald wieder auf die »reale« Ebene zurückkehren werden. Und mit der Zeit lernen Sie, schrittweise die Herrschaft über Ihre Träume zu erlangen. Mit Sicherheit!

Am Ball bleiben!

Bleiben Sie mit Ihren Übungen hartnäckig am Ball, und bereiten Sie sich auf immer neue Abenteuer des Bewußtseins vor! Bedenken Sie dabei, daß Sie von Ihrem Unterbewußsein noch viel Erwarten dürfen. Sie müssen es nur intensiv fordern und mit ihm kommunizieren.

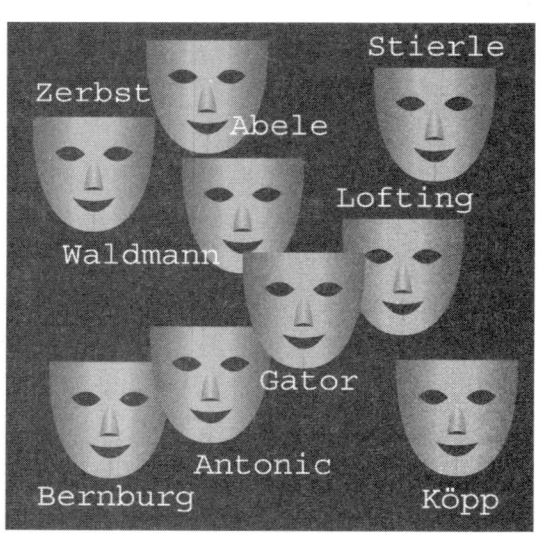

Mit dem Video-Gedächtnis sind Sie unschlagbar

In diesem Kapitel lernen Sie noch ein paar weitere Zahlensymbole kennen. Außerdem erfahren Sie, wie Sie sich Namen und Gesichter besser einprägen können – denn Hand aufs Herz: Ist es nicht immer wieder peinlich, wenn Sie einem wichtigen Kunden oder Geschäftspartner begegnen und nicht mehr wissen, wie er heißt? Wenn Sie sich noch genau an einen Menschen erinnern können, zeigen Sie ihm damit, wie wichtig er Ihnen ist – und das verschafft Ihnen eine viel bessere Basis sowohl für private als auch für geschäftliche Beziehungen. Zu guter Letzt möchten wir Ihnen noch zeigen, wie Sie Ihr Gehirn zu absoluten Rekordleistungen trainieren können.

Wie merke ich mir Namen und Gesichter?

Das Behalten von Namen und Gesichtern fällt den meisten Menschen besonders schwer. Am leichtesten prägen sich ein:

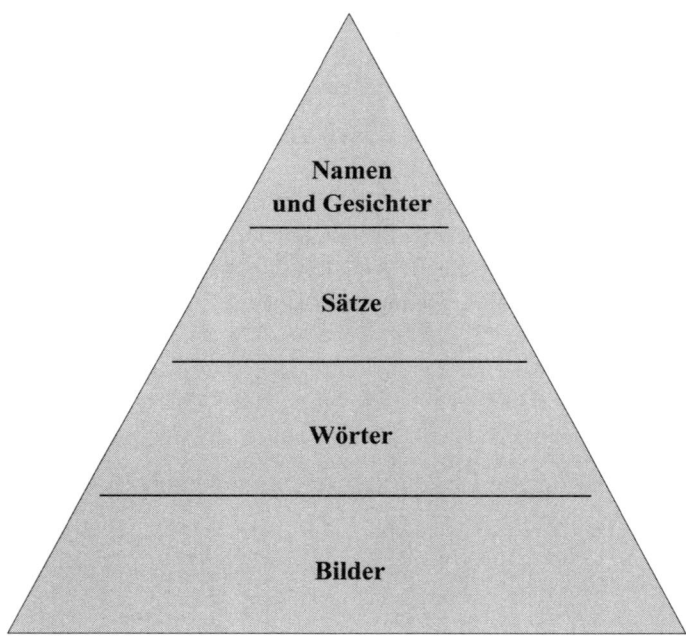

Das Problem besteht darin, zwischen zwei Dingen, die eigentlich keinen unmittelbaren logischen Bezug zueinander haben, eine Verbindung herzustellen, und das auch noch möglichst schnell. Denn wie oft passiert es uns im Alltag, daß wir jemandem begegnen, der uns bekannt vorkommt – aber wir wissen seinen Namen nicht mehr. Oder im Gespräch fällt ein Name, den Sie kennen, und Sie können sich nicht mehr daran erinnern, wie die betreffende Person aussieht.

Test: Wie gut können Sie sich Namen und Gesichter einprägen?

Testen Sie Ihr Namens- und Gesichtergedächtnis zunächst einmal anhand der folgenden Beispiele.

Auf der nächsten Doppelseite sehen Sie zehn Gesichter mit den dazugehörigen Namen. Nehmen Sie sich etwas Zeit, und prägen Sie sich diese Kombinationen gut ein.

Eine Doppelseite weiter finden Sie die Gesichter wieder, aber diesmal in anderer Reihenfolge und ohne Namen. Wie viele Personen können Sie korrekt benennen? Sie sollten für diese Übung nicht länger als fünf Minuten brauchen.

195

Herr Gottmann

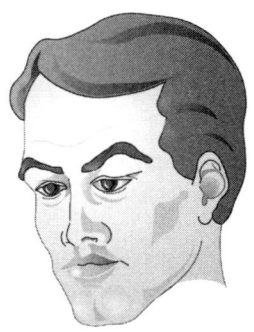

Herr Brauer

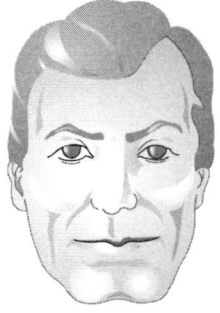

Herr Schreiner

Herr Nuskowsky

Herr Hollberger

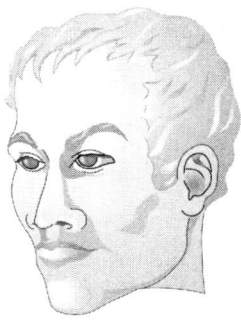

Herr Rued

Herr Turak

Herr Teisig

Herr Behr

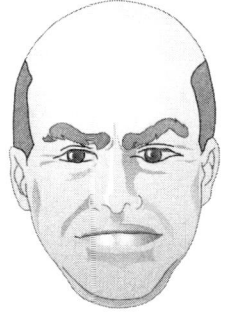

Herr Rausch

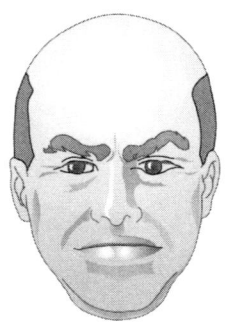

_____   _____

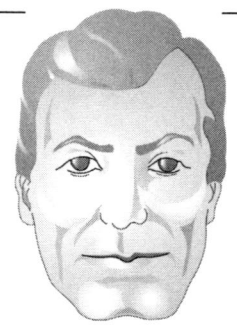

_____

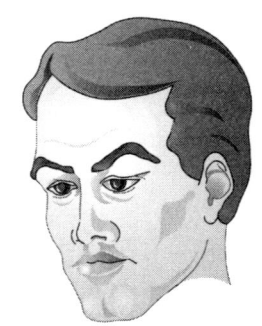

_____   _____

 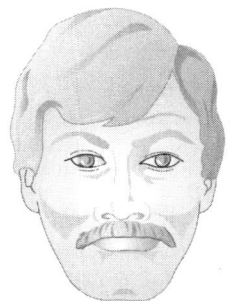

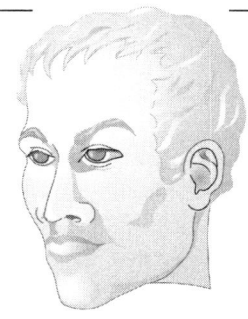

Na – waren Sie zufrieden mit Ihren Erinnerungskünsten? Lassen Sie sich keine grauen Haare wachsen, wenn Sie nicht gleich auf Anhieb alle Namen behalten oder den richtigen Gesichtern zugeordnet haben. Wir werden Ihnen jetzt zeigen, wie Sie mit unserer Methode der bildhaften Assoziationen Ihr Namens- und Personengedächtnis innerhalb kurzer Zeit deutlich verbessern können.

Fangen wir mit den Namen an. Das Einprägen von Namen ist heutzutage – im Berufsleben ebenso wie im privaten Bereich – für jeden Menschen wichtig, seien es die Namen von Kunden, Patienten, Kollegen, Vorgesetzten, Untergebenen, neuen Nachbarn oder neuen Freunden Ihrer Kinder. Nach diesem Kapitel werden Sie selbst schwierige Namen mühelos behalten können.

Es gibt zwei Kategorien von Namen:

- Namen, die etwas aussagen, die eine Bedeutung haben – zum Beispiel Müller, Schneider, Wolf, Baumgarten, Kochendorf, aber auch Bardt, Floss oder Tanner.

- Namen, die ohne jede Bedeutung sind und, auf den ersten Blick betrachtet, nichts aussagen – zum Beispiel Lambro, Turak, Traimer, Nuskowski und so weiter.

Mit der ersten Kategorie haben Sie wahrscheinlich keine großen Schwierigkeiten. Wenn Ihnen ein Herr Müller vorgestellt wird, sehen Sie ihn einfach vor Ihrem inneren Auge, wie er im Anzug, den er gerade anhat, zur Mühle geht und auf seinen Schultern einen schweren Mehlsack mitschleppt. Frau Wolf geht spazieren und führt einen wilden Wolf an der Leine; Herr Kochendorf steht mit einer Schürze und einer riesengroßen Kochmütze mitten im Dorf und kocht für alle Dorfbewohner ein Essen. Herr Bardt bekommt in Ihrer Phantasie einen langen Bart, und Frau Tanner ertappen Sie dabei, wie sie sich gerade im Wald eine schöne Tanne für das nächste Weihnachtsfest absägen will.

So weit dürfte das Vorgehen klar sein: Sie setzen den Namen in ein bewegtes, buntes und möglichst einprägsames Bild um. Lassen Sie Ihrer Phantasie dabei freien Lauf, und prägen Sie sich das Bild gut ein. Voraussetzung ist allerdings, daß Sie den neuen Namen auch richtig verstanden haben. Falls nicht, fragen Sie ruhig noch einmal nach, bevor Sie sich etwas Falsches einprägen.

Was machen Sie nun mit den anderen Namen, die für Sie keinen Sinn ergeben? Was wird aus Lambro, Turak, Traimer, Nuskowski? Nun, am einfachsten ist es, Sie suchen sich ein Ersatzwort, mit dem Sie etwas anfangen können. Dabei ist lediglich der Kern des Namens wichtig; wenn Sie sich an diesen erinnern können, fällt Ihnen auch der Rest automatisch ein. Das besorgt nämlich Ihr »normales« Gedächtnis.

Beispiel

Sprechen Sie den schwierigen Namen erst einmal ganz langsam vor sich hin. *Lambro* – das klingt fast wie »Lamm« und »Brot«, oder? Jetzt können Sie sich Herrn Lambro vorstellen, wie er mit einem Laib *Brot* unter dem Arm und einem scharfen Messer in der Hand auf die Weide geht, um sich ein *Lamm* zu schlachten (oder um das Lieblingslamm mit Brot zu füttern, falls Ihnen die blutige Version nicht so gut gefällt).

Bei *Turak* wird es auf den ersten Blick wieder schwierig. Vielleicht eine *Tour* im *Frack?* Stellen Sie sich den netten Herrn Turak, den Sie eben auf einer Party kennengelernt haben, vor, wie er im Frack eine anstrengende Bergtour unternimmt...

Frau *Traimer* sehen Sie als *Träumerin* vor sich, wie sie nachts bei Mondschein schlafwandelt. Und Herr *Nus-kow-ski* fährt mit einer *Nuß* auf dem *Kopf Ski:* Er muß sich ganz gerade halten und kann nur sehr langsam fahren, damit die Nuß nicht herunterfällt.

Übung 38: So können Sie sich Namen besser einprägen

Überlegen Sie sich jetzt für die folgenden Namen Ihre eigenen phantasievollen Verknüpfungen:

Herr Reiser:

Frau Kennet:

Herr Balder:

Frau Lehberger:

Herr Stampf:

Frau Wunderle:

Damit haben Sie die eine Hälfte des Problems im Griff, nämlich die Namen. Als nächstes müssen Sie sich die Gesichter einprägen.

Hierzu einige grundsätzliche Empfehlungen

→ Studieren Sie Gesichter! Schauen Sie sich die Gesichter der Menschen auf der Straße, im Laden, im Büro genau an.

→ Achten Sie einmal darauf, daß kein Gesicht hundertprozentig symmetrisch ist: Die rechte Gesichtshälfte sieht immer etwas anders aus als die linke.

→ In jedem Gesicht läßt sich ein besonders auffälliges Merkmal ausmachen. Vielleicht nicht immer auf den ersten Blick, aber mit etwas Übung wird es Ihnen immer schneller gelingen, diese Besonderheit zu entdecken. (Wichtig ist, daß dieses Merkmal für *Sie* auffällig ist, denn Sie möchten es ja benutzen, um sich mit seiner Hilfe das Gesicht genau einzuprägen.)

→ Wenn Sie auf Anhieb kein solches Merkmal finden, studieren Sie auch die Mimik und Gestik Ihres Gegenübers. Dann werden Sie mit Sicherheit etwas entdecken, was sich für Ihre Zwecke verwenden läßt.

Der letzte und entscheidende Schritt besteht nun darin, daß Sie eine Brücke zwischen diesem Merkmal und dem Bild schlagen, das Sie aus dem Namen geschaffen haben. Lassen Sie sich auch hier eine möglichst anschauliche, verrückte, bunte und lebendige Verknüpfung einfallen.

Beispiel

Hier ein paar Beispiele aus dem vorherigen Test:

■ Herr *Nuskowski* fährt mit einer *Nuß* auf dem *Kopf Ski* – das wissen wir ja nun schon. Was bei seinem Anblick sofort ins Auge fällt, ist seine üppige

Haar- und Bartpracht. In seinem *dichten Haar* kann er die Nuß problemlos den Hang hinunterbefördern, ohne daß er Gefahr läuft, sie zu verlieren. Im Gegenteil, wahrscheinlich muß er unten ganz schön suchen, bis er sie auf seinem Kopf wiederfindet...

■ Herr *Behr* – das klingt auf Anhieb nach »Bär«. Mit seinem *Hut* sieht er aus wie jemand, der auf *Safari* gehen will. Was liegt näher, als daß er unterwegs ist, um große, gefährliche *Bären* zu jagen?

■ Herr *Turak* macht, wie vorgeschlagen, seine Berg*tour* im *Frack*. Er sieht sehr *autoritär* aus: Wahrscheinlich hat er auf seiner Tour Begleiter dabei, denen er unterwegs Anweisungen geben kann.

■ Herr *Brauer* schließlich hat sehr markante Augen*brauen;* das dürfte in diesem Fall als Gedächtnisstütze bereits genügen.

Soweit unsere Beispiele. Da Sie ja mit der Methode an sich bereits gut vertraut sind, bereiten Ihnen diese Verknüpfungen sicherlich keine Schwierigkeiten mehr. Natürlich gehört auch bei Namen und Gesichtern wieder ein gewisses Training dazu, bis Sie die Verkoppelungen wirklich schnell und prägnant herstellen können, also gilt hier wie schon so oft:

Üben, üben, üben!

Übung 39: Kleines Prominentenalbum

Auch Namen und Gesichter von Prominenten und historischen Persönlichkeiten kann man sich mit Hilfe dieser Methode leicht einprägen.

Versuchen Sie es auf den nächsten beiden Seiten doch einmal!

Christoph Willibald Gluck

Sein Kopf hat die ovale Form eines Eis. Eine *Glucke* legt ihm ein Ei auf den Kopf.

Oder: Eine Glucke legt ein Ei, und das Ei verwandelt sich in sein Gesicht.

Und was ist *Ihnen* zu Christoph Willibald Gluck eingefallen?

Ludwig van Beethoven

Seine Haare sind zerzaust wie ein Blumenbeet.

Stellen Sie ihn sich als *Beet* in einem *Hof* vor; lassen Sie statt der Haare Blumen aus seinem Kopf hervorsprießen. *Beethoven*.

Edgar Allan Poe

»*Eddy*, ist das Hühnchen *gar?*« = *Edgar*. »Es hat noch *alle* Federn *an!*« = *Allan*. *Poe* ißt den *Hühnerpo*. Das Fett trieft ihm aus dem Schnurrbart, und er verzieht angewidert das Gesicht: *Edgar Allan Poe*.

Pythagoras

Das ehrwürdige Gesicht ist ganz von Haaren umschlärgelt, wie von einer *Python* (Schlange)... und ... oh, es sieht aus wie *Grcs*. *Python* und *Gras* = *Pythagoras*.

Und jetzt versuchen Sie es einmal ohne Hilfe!

Joseph Haydn

Charles Dickens

Und was fällt Ihnen zu Mozart und Wallenstein ein?

Wolfgang Amadeus Mozart

Albrecht von Wallenstein

Nun testen Sie sich: Können Sie sich noch an alle Namen erinnern?

Ein wichtiger Hinweis für die Praxis

Selbstverständlich dürfen Sie in der Wirklichkeit dem Träger des jeweiligen Namens *nicht* auf die Nase binden, mit welchen verrückten Bildern Sie sich an ihn erinnern und welche Dinge er in Ihrer Phantasie anstellt, damit Sie Namen und Gesicht beim nächsten Wiedersehen noch zusammenbekommen! Nicht alle Menschen besitzen soviel Humor, daß Sie darüber lachen könnten. Bewahren Sie also Ihr Geheimnis, wie Sie sich so brillant an unzählige Namen erinnern können.

Ohne Übung werden Sie kein Meister!

Wenn Sie möchten, können Sie nun den Test vom Anfang dieses Kapitels mit den zehn Gesichtern (Herr Gottmann, Herr Brauer, Herr Schreiner und so weiter) noch einmal wiederholen – Sie werden sie alle mühelos speichern und ins Gedächtnis zurückrufen können!

Test: Erinnern Sie sich an die 12 Zahlensymbole?

Die Zahlensymbole von 1 bis 12 kennen Sie inzwischen schon in- und auswendig. Oder etwa nicht? Auf der nächsten Seite beginnt ein kleiner Test zur Wiederholung.

Schreiben Sie das Symbol neben die Zahl, und malen Sie aus Ihrer Erinnerung das entsprechende Bild dazu, mit dem Sie sich die Zahl eingeprägt haben.

1.

2.

3.

4. ....

....

....

5. ....

....

....

6. ....

....

....

7. ....

....

....

8. ....

....

....

9. ....

....

....

10.

11.

12.

Die Zahlensymbole von 13 bis 20

Die Zahlensymbole von 1 bis 12 kennen Sie inzwischen wie im Traum.

Jetzt ist es an der Zeit, daß Sie die restlichen Zahlensymbole von 13 bis 20 noch lernen.

Wir haben sie auf der nächsten Doppelseite für Sie versammelt.

Der Schwanz der Katze zeigt uns die 1, der gekrümmte Rücken sieht aus wie eine 3. Und die Zahl 13 paßt ja auch ganz gut: Für abergläubische Menschen bringen schwarze Katzen bekanntlich Unglück.

Ein gerader und ein gezackter Blitz für die 1 und die 4 stehen für die Zahl 14.

Manche zweistelligen Zahlen lassen sich nicht mehr so einfach in ein optisch überzeugendes Bild packen. Aber schließlich haben Sie ja bisher schon fleißig Ihre Phantasie geübt; also wird es Ihnen nicht schwerfallen, im linken Aufzugsrahmen die 1 und in der gekrümmten Haltung des Mannes die 5 zu erkennen: Symbol für die 15.

Die Angelrute zeigt die 1, der gekrümmte Haken die 6.

218

Wenn Sie beim Geodreieck die Kanten in der richtigen Reihenfolge nachfahren, nämlich erst den linken Rand von oben nach unten, dann die kurze Seite von links nach rechts und die verbleibende Seite schräg nach unten, dann haben Sie automatisch eine vereinfachte 17 gemalt.

Diese Zahl ist ebenfalls leicht zu erkennen: Die linke Seite des Vogelhäuschens stellt die 1 dar, das doppelte Schlupfloch sieht aus wie eine 8.

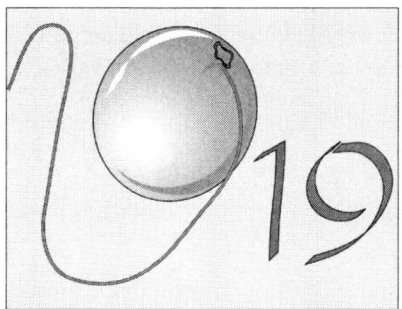

Die Schnur formt eine »weiche« 1, der Ballon an der Schnur eine 9 – zusammen sehen sie aus wie eine 19.

Die vorne hochgeschwungenen Schlittenkufen bilden eine 2, Mann, Gepäck und Sitzfläche die dazugehörige 0.

Üben Sie jetzt mit den Zahlensymbolen bis 20!

Prägen Sie sich diese Symbole genauso gut ein wie die ersten 12, und erweitern Sie die bisherigen Übungen zu den Zahlensymbolen ruhig auf eigene Faust jeweils bis 20. Hängen Sie sich die Symbolreihe irgendwo hin, wo Sie sie oft sehen, zum Beispiel an den Spiegel im Badezimmer, an den Kleiderschrank, übers Bett oder an die Wand in der Toilette. Dann werden Sie mit den neuen Symbolen bald genauso mühelos und selbstverständlich umgehen können wie mit dem ersten Dutzend dieser phantasievollen Verknüpfungen.

Mit den Zahlensymbolen von 1 bis 20 sind Sie für die Bedürfnisse des Alltags schon ganz gut ausgerüstet. Sie werden nicht oft in Situationen kommen, wo Sie noch mehr Symbole bräuchten, um wichtige Details abzuspeichern.

Falls Ihnen das aber doch einmal widerfahren sollte, gibt es einen ganz einfachen Trick: Arbeiten Sie zusätzlich mit Farben! Die erste Reihe wird mit den Symbolen von 1 bis 20 in Knallrot verknüpft, die zweite Serie von Begriffen, Argumenten oder was auch immer Sie sich einprägen wollen, wird denselben Symbolen in Tiefblau oder Grasgrün zugeordnet. Damit können Sie schon sehr viel anfangen.

Gehirn-Akrobatik: Der Weg zum dreidimensionalen Spitzentempo-Gedächtnis

Inzwischen haben Sie sicherlich auch schon festgestellt, daß Ihre Merkfähigkeit deutlich zugenommen hat. Das Üben mit unseren Bildsymbolen hat einen verblüffenden Effekt, den Sie vielleicht erst jetzt so richtig erkennen:

Sie haben Ihr visuelles Gedächtnis auf Höchstleistung trainiert!

Durch gezieltes Weiterüben können Sie diese Wirkung noch verstärken und nach und nach die folgenden Stufen erreichen:

1. Foto-Power
Durch bewußtes Training von Beobachtungsgabe und bildhaftem Vorstellungsvermögen läßt sich mit der Zeit tatsächlich ein fotografisches Gedächtnis entwickeln. Der Erfolg hängt von Ihrer Willenskraft und der Häufigkeit und Intensität der Übungen ab. Dabei ist individuelles Einzeltraining effektiver als Training in der Gruppe.

2. Movie-Power
Der Begriff »Movie-Power« bedeutet, daß Sie gedanklich Ihr eigenes Phantasie-Kino gestalten: Sie geben den Bildern in Ihrer Vorstellung immer mehr Bewegung, steuern Bilder und Figuren in eine gewünschte Richtung, lernen, nach Belieben Schauplätze vor Ihrem inneren Auge erstehen zu lassen, ein- und auszublenden oder zu mischen, und bringen schließlich auch Geräusche, Geruch, Geschmack und Tastsinn in die Bilder hinein. Auf der anderen Seite sollten Sie aber darauf achten, daß Sie sich bei diesen Vorstellungen immer wieder aus dem Geschehen zurückziehen, um Ihre Position als »Steuermann« (oder -frau) nicht zu gefährden. Sie arbeiten automatisch mit Gegensätzen und viel Bewegung und werden immer wieder erkennen, daß Bilder »offene Systeme« sind, die weitaus mehr Assoziationsmöglichkeiten bieten als Wörter, Sätze oder Daten allgemein.

3. 3-D-Power

Auf dieser Stufe üben und lernen Sie, aus den bewegten Bildern und kleinen Filmen dreidimensionale Welten zu erschaffen. In Ihrer Vorstellung können Sie Ihre Bilder verkleinern oder vergrößern, in andere Bilder oder Filme überblenden und sich jederzeit in eine gewünschte »andere Welt« versetzen – wie beim Kulissenwechsel im Theater.

Dieses Vorgehen trainiert Ihre Konzentrationsfähigkeit und macht sie zu Ihrem mächtigsten Werkzeug auf Ihren Phantasiereisen. Damit können Sie Ihre Gedanken und Gefühle jederzeit positiv beeinflussen, indem Sie sich auf entsprechend motivierende Vorstellungsbilder und Zielvisionen konzentrieren – ohne daß Ihr Gesprächspartner etwas davon merkt.

4. Speed-Power

Totale Speed-Power gibt Ihnen gedanklich noch mehr Spielraum: Sie erhöhen durch konsequentes Üben die Geschwindigkeit, mit der Sie durch Ihre Visions-Welten reisen. Sie können positive Gefühle jeder Art in Bilder umsetzen.

Üben läßt sich diese Speed-Power ganz einfach: mit der bereits beschriebenen Blitzlicht-Technik bei den Fernsehnachrichten, indem Sie das zu speichernde Element blitzschnell mit dem jeweiligen Symbol »beschießen«. Das Selektieren, Mit-dem-Symbol-Verknüpfen und Abspeichern geht dann genauso schnell wie Fotografieren.

Training ist alles!

Beim Trainieren dieser Verfeinerungen sollten Sie sich in einer weitgehend streßfreien Phase befinden: Ausspannen im Urlaub, Atemübungen, Sport oder Sauna, Konzentrations- oder Entspannungsübungen unterstützen die Erfolge und sorgen dafür, daß Sie schnelle Fortschritte von einer »Power-Stufe« zur nächsten machen.

Beweise für die Praktizierbarkeit von Speed-Power gibt es inzwischen zur Genüge: Erinnern Sie sich zum Beispiel an den Mathematikprofessor, der in einer Fernsehshow eine 600stellige Zahl fehlerlos wiedergeben konnte? Das ist angesichts der bisher gewohnten Grenzen geistiger Kapazität fast schon eine unvorstellbare Leistung. Und doch hat ja schon Einstein die Behauptung aufgestellt, daß wir höchstens 10% unserer geistigen Möglichkeiten auch wirklich nutzen. Hier könnte also einer der Schlüssel liegen, der Ihnen den Zugang zu den restlichen 90% öffnet ...

Schon wenn Sie bei Foto-Power angelangt sind, aber natürlich erst recht auf der Stufe Speed-Power können Sie sicherlich einige der Erfahrungen bestätigen, die wir auf den nächsten Seiten zusammengestellt haben.

Mit dem Video-Gedächtnis können Sie

- ❑ sich Gesichter und andere wichtige Dinge noch besser vorstellen und merken;
- ❑ Ihren Arbeitsplatz genau vor Augen sehen;
- ❑ erkennen, was für Veränderungen dort sinnvoll wären;
- ❑ einen Lageplan genau im Kopf haben;
- ❑ einen einmal gegangenen Weg wiedererkennen oder wiederfinden;
- ❑ eine technische Zeichnung, einen Plan oder eine Erfindung in Ihrer Vorstellung sehen und speichern;
- ❑ ganz neue Talente in sich entdecken;
- ❑ Kreativität bis zur Anwendungsreife steigern;
- ❑ den morgigen Tagesablauf genau vor sich sehen und wichtige Schritte im voraus planen;
- ❑ eine Zielvorstellung leichter realisieren;
- ❑ Ihr Unterbewußtsein positiv programmieren;
- ❑ geistige Flexibilität und Schlagfertigkeit gewinnen;
- ❑ eine Verhandlung vorausplanen und steuern;
- ❑ bessere und schlagkräftigere Argumente finden;
- ❑ im Verkauf besser überzeugen;
- ❑ anderen im Reden und Denken voraus sein;
- ❑ auf Anhieb mehr sehen und erkennen und eine Lage schneller überschauen;
- ❑ Schwerpunkte leichter setzen und verfolgen;
- ❑ Ihre Stimmung deutlich verbessern;
- ❑ neue Denkbahnen erschließen;
- ❑ Erkenntnisse von einem Gebiet auf ein anderes übertragen und ausprobieren;

- Funktionsabläufe an Maschinen besser verstehen und gegebenenfalls optimieren;
- Situationen voraussehen und idealer gestalten;
- Festgefahrenheit überwinden und neue Denkgeleise erschließen;
- Ihre Gedanken immer mehr in bildhafte Vorstellungen kleiden;
- einem Vortrag besser folgen;
- die eigenen Gedankengänge besser formulieren und sich treffsicherer ausdrücken;
- Ihre Wohnung geschmackvoller und zweckmäßiger einrichten;
- all Ihre sportlichen und manuellen Fähigkeiten zu einem gedanklichen Optimum steigern;
- sich auf eine gewünschte geistige Fähigkeit konzentrieren und diese schrittweise erreichen;
- durch Analogievorstellungen erkennen, welches Verhalten einen persönlichen Durchbruch bringt, zum Beispiel im Beruf oder Privatleben;
- die bildhafte Vorstellung als ausbaufähige Kunst betreiben, die sich auf alle Gebiete anwenden läßt;
- schneller und flexibler umschalten, z.B. vom Beruf auf den Feierabend;
- die eigene Lebenssituation von einer höheren Warte aus betrachten;
- die Trennung von Phantasie, Gefühl, Logik und Intelligenz überwinden mehr Harmonie ausstrahlen;
- Wünsche konkretisieren;
- Ihren Erfolg deutlich vor Ihrem inneren Auge sehen und sich von diesem Bild motivieren lassen;
- Erfindungen und Ideen nachvollziehen, verändern, verbessern und auch etwas völlig Neues erschaffen.

Kreuzen Sie die Punkte an, die Sie besonders ansprechen oder interessieren. Und erweitern Sie die Liste um mindestens drei Erfahrungen, die Sie schon selbst gemacht haben, oder Eigenschaften, die Ihnen bis jetzt durch das Üben klargeworden sind:

1. ....

....

....

....

2. ....

....

....

....

3. ....

....

....

....

....

....

Denken Sie jetzt bitte darüber nach, welche Fähigkeiten Sie durch das bisherige Gedächtnistraining erworben oder ausgebaut haben. Und fragen Sie sich, auf welchen Gebieten Sie diese Fähigkeiten in Zukunft einzusetzen gedenken. Schreiben Sie dies auf den folgenden Zeilen nieder!

Je genauer und klarer Sie Ihre Ziele definieren können, um so eher werden Sie auch all Ihre geistigen Fähigkeiten dafür einsetzen, und um so schneller kommt der Erfolg! Das können Sie mit Sicherheit glauben!

Ein guter Rat zum Schluß

Nach 20 Jahren Gedächtnisforschung und erfolgreicher praktischer Umsetzung der besten Gedächtnistechniken sind wir zu der Ansicht gelangt, daß die Möglichkeiten des menschlichen Geistes noch lange nicht bis ins letzte erforscht sind. Unserem Gedächtnis sind praktisch keine Grenzen gesetzt: Mit der richtigen Lernmethodik ist es nahezu unbegrenzt trainierbar. Vor allem im Entspannungszustand ist unser Bewußtsein zu ungewöhnlichen Leistungen fähig. Wenn Wissenschaftler davon sprechen, daß wir höchstens 10–15% unserer Gehirnkapazität wirklich nutzen, bleibt die Frage, wie wir auch Zugang zu den restlichen 85% bekommen können. Hier bietet die östliche Philosophie Antworten an. In seiner Autobiographie berichtet der indische Yogi Paramahansa Yogananda immer wieder von meditativen Bewußtseinszuständen, die durch tiefe Entspannung erreichbar sind. Diese spannend geschriebene östliche Lektüre öffnet völlig neue Horizonte. So schreibt Yogananda zum Beispiel:

Mentales Training mit Hilfe verschiedener Konzentrationstechniken hat in Indien zu allen Zeiten Menschen mit geradezu unglaublichem Erinnerungsvermögen hervorgebracht. In der Hindustan Times hat Sir T. Vijayaraghavachari die Tests beschrieben, denen sich die modernen professionellen »Gedächtnisspezialisten« von Madras unterzogen haben. »Diese Männer«, so schrieb er, »verfügten über einen außerordentlichen Wissensschatz in Bezug auf die Sanskritliteratur. Sie waren mitten im Publikum des großen Saales plaziert, und es gelang ihnen, die simultanen Testaufgaben verschiedener Zuhörer zu beantworten. Die Vorgehensweise war dabei wie folgt: Jemand läutete eine Glocke, und der Gedächtnisspezialist mußte die Anzahl der Glockenschläge zählen. Dann diktierte ein Zweiter von einem Blatt Papier eine lange arithmetische Aufgabe mit Additionen, Subtraktionen, Multiplikationen und Divisionen. Ein Dritter las daraufhin eine Serie von Gedichten aus dem Ramayana oder dem Mahabharata vor, die der Kandidat wiedergeben mußte; ein Vierter stellte anschließend eine Reimaufgabe, bei der es darum ging, zu einem bestimmten Thema Verse im richtigen Versmaß zu bilden, wobei jede Zeile mit einem festgelegten Wort enden mußte. Nun begann ein Fünfter mit einem Sechsten eine theologische Diskussion, deren genauer Wortlaut in unveränderter Reihenfolge wiederzugeben war. Und schließlich drehte ein Siebenter die ganze Zeit über ein Rad, dessen Umdrehungen zu zählen waren. Der Gedächtnisspezialist mußte all diese Aufgaben rein mental bewältigen, denn er durfte weder Papier noch Bleistift benutzen. Die mit der Lösung dieser Aufgabe verbundene Anstrengung muß unfaßbar sein. Gewöhnliche Menschen, die solche Leistungen aus unbewußtem Neid heraus gern als eine Übung der niederen Gehirnfunktionen abtun möchten, sind im Unrecht, denn es handelt sich hierbei nicht in erster Linie um eine Gedächtnisleistung. Es kommt hierbei vielmehr auf extreme geistige Konzentration an.« (Paramahansa Yogananda: *Die Autobiographie eines Yogi*)

Konzentration läßt sich trainieren – wobei der Übergang von Konzentration, Verinnerlichung und Meditation oft fließend ist. Als Ausgleich zu großen geistigen Leistungen sollten Sie sich auf jeden Fall regelmäßig Ruhe und Entspannung, Einsamkeit, Urlaub und Erholung gönnen und auch auf körperliche Fitneß achten. Mit Sicherheit wird es Ihnen weiterhelfen, wenn Sie regelmäßig eine Meditations- oder Entspannungstechnik praktizieren; Meditation steigert die Konzentrationsfähigkeit ganz ungemein.

Ein allerletzter Rat: Üben Sie weiter. Üben Sie mit Freunden und Gleichgesinnten. Und verblüffen Sie Ihre Umgebung mit Ihren Erfolgen. Selbst ein kleiner »homöopathischer« Schritt in diese Richtung ist ein Schritt in die richtige Richtung.

Literatur

In dieser Literaturliste möchten wir einige Bücher aufführen, die uns wertvolles Hintergrundwissen geliefert und unser Verständnis des Themas vertieft haben. Wir hoffen, daß Ihnen diese Auswahl als Anregung dient, Ihr Wissen zu dem einen oder anderen Aspekt unseres Buches noch zu erweitern und auch andere Ansichten als die unseren dazu kennenzulernen.

Achterberg, Dr. med. Jeanne: *Heilung durch Gedankenkraft.*
Scherz Verlag, Bern/München/Wien, 1989.
Aivanov, Omraam Mikhael: *Der Schlüssel zur Lösung der Lebensprobleme.*
Urania Verlag, Sauerlach, 1988.
Arroyo, Stephen: *Astrologie, Psychologie und die vier Elemente.*
Rowohlt Verlag, Hamburg, 1989.
Banzhaf, Hajo: *Der Mensch in seinen Elementen.*
W. Goldmann Verlag, München, 1994.
Benesch, Hellmuth: *dtv-Atlas zur Psychologie (Band 1 und 2).*
dtv, München, 1994.
Birkenbihl, Michael: *Karriere und innere Harmonie.*
Orell Füssli Verlag, Zürich, 1991.
Böhler, Dietrich: *Ethik für die Zukunft. Im Diskurs mit Hans Jonas.*
Beck Verlag, München, 1994.
Bono, Edward de: *Das Sechsfarben-Denken.*
Econ Verlag, Düsseldorf, 1987.
Bono, Edward de: *Laterales Denken.*
Econ Verlag, Düsseldorf/Wien, 1992.
Brost, Hauke: *Jogging für den Kopf.*
F. A. Herbig Verlag, München, 1993.
von Buttlar, Johannes: *Der Supermensch.*
Reich Verlag, Luzern, 1979.
Constant, Abbé Alphons Louis: *Das Buch des Weisen.*
Barth Verlag, Wien/München/Leipzig, 1928.

Constant, Abbé Alphons Louis: *Der Schlüssel zu den großen Mysterien.*
Barth Verlag, Wien/München/Leipzig, 1928.

Correll, Werner: *Verstehen und Lernen. Grundlagen der Verhaltenspsychologie.* mvg, Landsberg am Lech, 1987.

Coué, Emile: *Autosuggestion. Wie man die Herrschaft über sich selbst gewinnt.*
Oesch, Zürich, 1998.

Coué, Emile: *Mentaltraining und Autosuggestion.*
Oesch, Zürich, 1998.

Daco, Pierre: *Psychologie für jedermann.*
Weltbild Verlag, Augsburg, 1994.

Dahlke, Rüdiger: *Der Mensch und die Welt sind eins.*
Hugendubel Verlag, München, 1987.

Davies, Paul: *Der Plan Gottes. Die Rätsel unserer Existenz und der Wissenschaft.*
Insel Verlag, Frankfurt/Main, 1995.

Davies, Paul/Gribbin, John: *Auf dem Weg zur Weltformel.*
dtv, München, 1995.

Dethlefsen, Thorwald: *Schicksal als Chance.*
Bertelsmann Verlag, München, 30. Aufl. 1979.

Diamond, Edwin: *Schlafen wissenschaftlich.*
Zsolnay Verlag, Hamburg, 1964.

Dilts, Robert: *Einstein. Geniale Denkstrukturen und Neurolinguistisches Programmieren.*
Jungfermann Verlag, Paderborn, 1992.

Dyer, Wayne W.: *Führen Sie in Ihrem Leben selbst Regie!*
mvg, Landsberg am Lech, 1986.

Ebert, Wilhelm: *Lernen ist Evolution.*
Verlag Alois Erdl, Nürnberg, 1993.

Engelkamp, Johannes: *Das menschliche Gedächtnis.*
Verlag für Psychologie, Zürich, 1990.

Eysenck, Prof. Dr. Hans Jürgen: *Die Ungleichheit der Menschen. Ist Intelligenz erlernbar?*
Paul List-Verlag, München, 1975.

Feyler, Günther: *140 Checklisten.*
Heyne Verlag, München, 6. Aufl. 1990.

Feyler, Günther: *Träume – Suchbilder der Seele.*
Verlag Hermann Bauer, Freiburg, 1994.

Fiegen, Lothar: *Besser lernen.*
Wilhelm Heyne Verlag, München, 1996.

Focke, Erhard: *Die Bedeutung der Phantasie für Emanzipation und Autonomie des Menschen. Menschenkunde und Erziehung Bd. 28.*
Verlag freies Geistesleben, Stuttgart, 1972.

Furst, Bruno und Lotte: *Der Weg zum guten Gedächtnis.*
Forum Verlag, Wien, 1939.

Gawain, Shakti: *Stell dir vor. Kreativ visualisieren.*
Rowohlt Verlag, Reinbek, 1986.

Geisselhart, Roland: *So merke ich mir Namen und Gesichter.*
Delphin Verlag, München, 1988.

Geisselhart, Roland: *Vokabeln lernen wie im Schlaf.*
Delphin Verlag, München, 1989.

Geisselhart, Roland/Burkart, Christiane: *Werden Sie ein Genie!*
Orell Füssli Verlag, Zürich, 1995.

Geisselhart, Roland/Zerbst, Marion: *Das perfekte Gedächtnis.*
Orell Füssli Verlag, Zürich, 1989.

Gerken, Gerd: *Die unsichtbare Kraft des Managers.*
Econ Verlag, Düsseldorf, 1988.

Glass, Lillian: *Sprich doch einfach Klartext!*
Oesch, Zürich, 2000.

Hark, Helmut (Hrsg.): *Lexikon Jung'scher Grundbegriffe.*
Walter Verlag, Olten, 3. Aufl. 1994.

Harman, Willis/Rheingold, Howard: *Die Kunst, kreativ zu sein.*
Scherz Verlag, Bern/München, 1991.

Hempen, Karl-Hermann: *Die Medizin der Chinesen.*
Goldmann Verlag, München, 1988.

Isbert, Dr. Otto Albrecht: *Konzentration und schöpferisches Denken.*
Erich Hoffmann Verlag, Heidenheim, 1962.

Jung, Carl Gustav: *Die Archetypen.*
Walter Verlag, Olten, 1971.

Jung, Carl Gustav: *Von Mensch und Gott. Ein Lesebuch.*
Walter Verlag, Olten, 1989.

Jungk, Robert: *Die Zukunft hat schon begonnen.*
Scherz Verlag, Bern/Stuttgart, 1952.
Kehoe, John: *Mind Power.*
Windpferd Verlag, Aitrang, 1991.
Keyserling, Arnold und Wilhelmine: *Ars Magna.*
Verlag der Palme, Wien, 1982. *
Lévi, Eliphas: *Transzendentale Magie.*
O. W. Barth Verlag, München, 1927.
Lindemann, Hannes: *Autogenes Training.*
Mosaik Verlag, München, 1991.
Lübeck, Walter: *Handbuch des spirituellen NLP.*
Windpferd Verlag, Aitrang, 1994.
Mann, Rudolf: *Das ganzheitliche Unternehmen.*
Scherz Verlag, München, 1988.
Nichols, Sallie: *Die Psychologie des Tarot.*
Ansata Verlag, Interlaken, 1984.
Nolting, Hans-Peter/Paulus, Peter: *Psychologie lernen.*
Eine Einführung und Anleitung.
Psychologie Verlags Union, Weinheim, 1993.
Ostrander, Sheila/Schroeder, Lynn: *Superlearning.*
Scherz Verlag, Bern/München, 1979.
Ostrander, Sheila/Schroeder, Lynn: *Super Memory.*
Scherz Verlag, Bern/München, 1992.
Paranjpe, Vasant V.: *Gnade Allein.*
E. Metzger (Selbstverlag), Radolfzell, 1975.
Paranjpe, Vasant V.: *Der Weg zum Licht.*
E. Metzger (Selbstverlag), Bittelbrunn, 1979.
Pauwels, Louis/Bergier, Jacques: *Aufbruch ins 3. Jahrtausend.*
Scherz Verlag, Bern/Stuttgart, 1962.
Peale, Norman Vincent: *Die Kraft positiven Denkens.*
Oesch, Zürich, 2000.
Peschanel, Frank: *Sind Linkshänder besser?*
Universitas-Verlag in F. A. Herbig Verlagsbuchhandlung, München, 1990.
Peters, Dr. Roger: *Praktische Intelligenz.*
mvg, Landsberg am Lech, 1988.

Reichel, G.: *Der sichere Weg zum phänomenalen Gedächtnis.*
Wilhelm Heyne Verlag, München, 1987.
Robbins, Anthony: *Grenzenlose Energie – Das Power-Prinzip.*
Wilhelm Heyne Verlag, München, 1991.
vos Savant, Marilyn/Fleischer, Leonore: *Brain Building.*
Das Supertraining für Gedächtnis, Logik, Kreativität.
Falken Verlag, Niedernhausen, 1992.
Schönpflug, Wolfgang und Ute: *Psychologie.*
Psychologie Verlags Union, München/Weinheim, 1995.
Schult, Arthur: *Astrosophie.*
Turm Verlag, Bietigheim, 1982.
Springer, Udo: *Kreative Berufe.*
Droemersche Verlagsanstalt, München, 1996.
Tietze, Henry G.: *Wirken auf das Unbewußte.*
Moewig Verlag, Rastatt, 1981.
Tipler, Frank J.: *Die Physik der Unsterblichkeit.*
R. Piper, München, 1994.
Trout, Jack: *New Positioning.*
Econ Verlag, Düsseldorf, 1996.
Vester, Frederic: *Leitmotiv vernetztes Denken.*
Wilhelm Heyne Verlag, München, 1988.
Vester, Frederic: *Neuland des Denkens.*
dtv, München, 1984.
Wehr, Gerhard: *C. G. Jung.*
Rowohlt Verlag, Hamburg, 1969.
Wehr, Gerhard: *Rudolf Steiner.*
Kösel Verlag, München, 1987.
Yogananda, Paramahansa: *Die Autobiographie eines Yogi.*
Droemersche Verlagsanstalt, München, 1992.
Zielke, Wolfgang: *Handbuch der Lern-, Denk- und Arbeitstechniken.*
mvg, München, 1988.

Leser-Service

Liebe Leserinnen und Leser,

Sicher hat Ihnen das Durcharbeiten des Buches Freude bereitet, und die raschen Erfolgserlebnisse haben Ihr Selbstwertgefühl in bezug auf Ihre geistigen Leistungen wesentlich verbessert.

Schreiben Sie uns – wenn Sie möchten – Ihre Wünsche und Anwendungsziele, und wir stehen Ihnen gerne mit Rat und Tat zur Seite. Gern informieren wir Sie auch über Seminartermine und Trainerausbildungen. (Bitte frankierten und beschrifteten Briefumschlag beilegen.)

Schreiben Sie an:

Roland-Geisselhart-Team
Stichwort: Leser-Service
Postfach 29 04
D-88023 Friedrichshafen